闖出人生好業績

百億超業教你活用「業務十力」，
解決人生難關，逆勢翻轉、完美達標！

陳詩慧 著

僅以此書獻給

永遠在我失意時支持我

偉大的母親

目錄

Part 2

什麼是業務力？

Part 3

生活和工作，都能派上用場的業務力

Part 4

培養業務力的關鍵好習慣

好評推薦

「這本書滿滿乾貨，不只是對做業務的人有幫助，在創業、任何工作上，都很值得學習。」

——王繁捷，貝克街巧克力蛋糕負責人

「詩慧老師洋溢熱情生命力，用勇氣與智慧度過種種人生考驗，如何人生逆轉勝，向她學習就對了！」

——朱楚文，財經主播主持人

「現代人習慣把自己最光鮮亮麗、最精采、最成功的訊息傳遞到社群媒體，以吸引大家的喝采與欽羨的眼光。然而詩慧老師卻願意以真誠的心和大家分享她一路走來不為人知的心路歷程，並且公開她克服困難、達成理想的方法。相信讀者可以從中感受到詩慧老師滿滿的溫暖能量，鼓起勇氣繼續向前邁進。」

——江季芸，理財作家

「這本書有商場不為人知的故事，最難熬也最值得珍藏的業務故事。想要改變自己，成為更好的自己，閱讀這本書，就會閱讀出屬於你的一身好本事。」

——黃瑞仁，《指北針》Podcast 製作人、廣告導演

「人生其實都不斷在推銷自己，業務力能力佳的人往往也擁有很好的人生態度，透過這本書檢視自己，相信可以獲得很多成長。」

——楊禮軒，算利教官

「在詩慧身上，你可以看到她獨有的業務特質，她在這本書中毫無保留地分享自身的業務特質為她闖出的人生好業績，值得推薦給每一位正在為自己人生奮鬥成長的你。」

——劉恭甫，創新管理實戰研究中心執行長

推薦序

活用業務力，創造充滿機會的人生

陶韻智，口袋證券公司創辦人、德豐管顧合夥人

這是一本飽含精采人生觀的書，Daphne 以生動易懂的敘述，深入淺出地分享了她把人生的每個逆境都過成了順境的關鍵心法與行動。

我們的緣分始於二〇一二年，當時我在創辦的 INSIDE 網路趨勢部落格寫了篇某國產軟體的介紹文章。那時在同類軟體創業團隊的 Daphne 讀了文章，馬上來信表達希望能有新聞稿的合作。

不過，因我希望寫的是深度的獨家報導內容，並非一般新聞稿合作，故興趣缺缺。然而 Daphne 馬上用電話與 Email 來回溝通數次，迅速了解我的需求：需

要訪談關鍵人物（通常是創辦人），也了解會被問細節（需要攤開數據給讀者），也必須依照我的時間安排採訪（不易配合）。

到了當天晚上七點，她就依據我有空的時間，敲定了三天後讓創辦人北上到我的辦公室接受採訪；而該創辦人的另一個身分，是比我還忙碌許多的上市公司總經理。

INSIDE 並非大媒體，要說服日理萬機的總經理配合採訪需求改變行程，中間肯定需要花費無數心力。這是我初次見識到 Daphne 的業務力與協調力，也產生了她是非常有能力的業務行銷人才的印象。

後來，我陸陸續續獲知 Daphne 念了 EMBA、自行創業做起創業家，中間也偶爾串聯資源互相幫忙，每次看到傳來的訊息，感受到的都是正能量。由於我也持續走在創業的路上，當時在幫 LINE 開拓台灣的市場，心中便又添上她也是成功創業者的印象。

直到近期，我們因為創辦口袋證券而再次相遇，沒料到 Daphne 的身分竟多了暢銷作家、投資界網紅與餐廳老闆等頭銜。雖然驚訝，但也發現她仍舊擁有強大的行動力、樂觀的感染力，以及主動助人的習慣。

一個人會成功快樂都是有原因的，而那個原因通常不是因為生在順境中或天生聰明，而是因為做對了某些關鍵的事，並且持續反覆地做，終能把彎的路走成了直的路。

我與Daphne同年出生，也都是雲林長大，成長的過程與工作中關關難過關關過。閱讀本書，其中講了求學、工作與創業的過程，讀畢我終於了解，她當年能這麼迅速地安排採訪，全是運用了她在各種難關鍛鍊出來的業務力。

坊間講業務力，談的通常是正面表列的推銷與交易力。殊不知，真正的業務力來自對的思維，讓自己在面臨艱難處境時，仍能堅毅地往目標前進。Daphne在書中無私分享自己人生中的經歷，並歸納出了十大業務力與五個好習慣，期待讀者們都能從中習得對的業務力思維，進而看到自己也能創造充滿機會的人生。

前言
我靠業務力，闖出人生好業績

很多人聽到「業績」兩個字，常覺得不干自己的事，但其實仔細思考，每個工作都需要看重業績，人生的各個面向也是如此。無論是比較直觀的薪水與資產，或是組建家庭、身體健康等等，人生其實有許多成績單需要繳交，更需要我們用對方式來因應挑戰與逆境。

某天，我剛送完孩子上學，路上遇到一個朋友，閒談中才得知他的人生面臨了很大的困難。以前他是五子登科的人生勝利組，一夕之間妻子、孩子、房子、車子、銀子都沒有了，他問我：「妳是怎麼樣突破那個當下的？」

我告訴他，當年那個跌落谷底的我也很憂鬱，欠房貸一千八百萬，又遇到創業失敗、不被周圍的人認可，人生成績單的方方面面彷彿都被打上了不及格。為了活下去，我選擇讓自己從零出發，去上「照顧服務員訓練課程」。在醫院機構實習照服員期間，看到社會上還有許多過得比我更辛苦、更不如意的人，我發現自己沒有抱怨的權利，幫助他們讓我開始感到自己很幸福，也獲得了心靈上的重生，這是讓我站起來的力量之一。

另一個力量，是「想要活下去」，要活下去，就得求生存。我告訴自己：「沒關係，就從最初的起點開始，一點一點滿足自己的生活。」心靈重生、歸零再出發，遇到很不ＯＫ、很痛苦的環境，我用從前在職場上累積的能力求生存，把殘破不堪、破碎的自己，一片一片地拼裝回來。於是，一個破爛的我，慢慢成為現在的我，不僅和人合夥經營便當店、有 YouTube 頻道、有電商平台、有許多與外界的合作，甚至成了暢銷書作家！

成功翻轉人生的關鍵因素

二〇二一年七月，采實文化出版了我的第一本書：《我用波段投資法，4年賺4千萬》，獲得了熱烈的回響。有一次去看診，長年維持醫病關係的醫師愁眉苦臉的，我一邊看診一邊聽他訴苦，他說自己的老婆、小孩在美國，花費很大，我當時以為他只是在抒發心情，沒想到最後他卻突然冒出一句：「我把錢全部都交給妳好嗎？麻煩幫我操作股票……」讓我非常驚訝，高收入的人竟也會有缺錢的苦惱；還有一次是在高爾夫球場，認識多年的球友跟我說：「嗯……我們幾個人身上有幾億，想說拿出一些錢，合資一個私人基金，請妳統籌操作股票，獲利對半如何？」我連忙拒絕，自己只是個散戶，實在承擔不起大任，卻也因此發現，原來連有錢人都希望賺更多錢。有朋友用羨慕的語氣問我：「妳怎麼那麼會賺？是如何辦到的？還有讀者寫信給我：「我也有房貸車貸、我也有好多夢想，做股票真能翻轉我的人生嗎？」各式各樣的問題雪片般飛來，讓我思考著：

怎麼樣可以幫助更多人跳脫困境、活出自己、實現人生夢想？

回想過去十多年來，我在背負龐大的經濟壓力下，專注認真研究股市，跳入股海兩年，當時不僅還了一千兩百萬的房貸，還能把剩下的錢用來成立公司，這一切除了要歸功於：我以巴菲特（Warren Buffett）的「價值投資」概念加上「波段操作」、「邊工作邊小額投資」的反覆研究和實戰驗證，以及注入心血彙整而成的「天龍八步投資心法」（欲知詳情，請參閱我的第一本書），更重要的關鍵因素，其實是這麼多年來我在工作職場上淬煉出來的業務實力，讓我得以在短時間內站穩腳步、績效翻倍、獲利超乎想像的四千萬元，還能行有餘力，展開逐夢之旅。

不可諱言，「業務力」是我的堅甲厲兵，我的盔甲、我的兵器，不但保護我、為我解開了負債的枷鎖，也讓夢想得以實現。我從小就堅忍不屈，想要一個東西，便會想盡辦法得到。記得小學五年級因為一台破腳踏車被同學訕笑，於是暗暗發誓要買一台新的，但家裡沒錢，我只得自己想辦法。於是，在同學都在玩樂的暑假裡，我努力打工，從早上七點忙到下午五點，回到家筋疲力竭，就這樣日復一日，總算熬到暑假結束要升小六的那一天，我風光地騎了一台新的淑女腳踏車到學校去。直到現在我都還記得：鐵皮工廠如蒸籠般的燠熱溼悶、機器運轉轟隆隆的惱人噪音、棉絮粉塵與汗水混雜的空氣濁味……

長大後我才明白，小時候培養出來隱忍、堅持的意志力，其實就是業務力的一種極致表現。現在回想起來，我人生中的各個階段，不管是自卑、想脫貧、要致富，大大小小的各種難關，其實都是業務力助我一臂之力，使我得以自泥沼困境中脫身、甚至翻身！

每個人都該培養業務力

有一次與采實文化總編輯聊天時，他提到：「詩慧，像你這種超級業務，就應該出一本業務書！」他的話讓我想起那些身處困境中的朋友、投資路上有疑問的夥伴，以及對於未來茫然無從的讀者，我當然樂意把自己的經驗分享出來，於是催生出這本書。

業務培養的是一種軟實力，是一種潤澤細無聲的日積月累。「好雨知時節，當春乃發生」，好的業務就像一場即時好雨，能夠嗅出春天的腳步近了，萬物準備萌發綠意。好的業務會事先悄悄布局，「隨風潛入夜，潤物細無聲」，趁著夜間隨風潛入，潤澤大地，最終贏得豐收。

當然，任何事情都有「進程」，我也不是一下就成為超級業務，就像名廚得從削馬鈴薯皮開始，打跆拳道得從蹲馬步開始，我當業務是從道歉開始。當我還是菜鳥業務時，一天到晚都在跟人道歉，不斷道歉再改進，沒完沒了地循環這個過程。然而，這種「改進再繼續」、「堅持再堅持」、「遇到困難不退縮」、「鍛鍊自我的抗壓性」，把我帶入了另一個境界，練就我了一身「業務的敏銳嗅覺」與「對人對事的判斷力」。我願意不恥下問、有時厚著臉皮也要堅持下去、備受委屈還是得講話圓融、正是這種內心強大的業務力量，讓我跳脫了舊有的框架，從打工到創業，讓自己的人生更開闊。

我認為每個人都該有「業務魂」，培養基本業務力，練就一身金剛不壞的生存本領，在面對各種艱困的環境下都能絕處逢生。尤其身處在不確定性、驟變增高的亂世，就算不是業務，也必須具備業務力，才能成功達到人生的各項KPI，交出好成績。

一〇四人力銀行調查，具有銷售、業務背景的人，通常最吃香，不但升遷快、還能領高薪。全球成功企業家中，賈伯斯（Steve Jobs）、比爾．蓋茲（Bill Gates）、松下幸之助、李嘉誠、郭台銘等人，也都當過業務員，他們在創業初期都能以高超的業務力讓企業快速成長。

賈伯斯是業務界的傳奇人物，他曾花一年時間說服全美最大電信商AT&T選擇蘋果（Apple），那場交易為蘋果贏得的不只是穩固盟友，還獲得了整個產業鏈的控制權，讓市場以蘋果的標準為標準，從設計、製造到銷售，一切都掌握在蘋果手裡。我很崇拜賈伯斯，他有一種特質深深吸引著我：在別人認為不可能、辦不到的時候，他還是堅持自己可以做到！最後他不但做到了，而且還超乎意料地好。賈伯斯的思維影響了我，當我沒錢出國念書卻拿到國外學位、失業還背著千萬房貸時卻能還掉債務、創業失敗又二度創業……別人認為不可能的，我一一完成了，回首看來，有時連我自己都感到不可思議。

逆境讓我們成為更出色的人

二〇一九年我開始製作 YouTube 頻道「陳詩慧波段旅程」，自己拍自己剪，Google 就是我的老師，有什麼不懂之處，我就上網查找學習，剛開始連兒子都笑我：「媽媽是我看過最老的 YouTuber！」沒想到拍著拍著就出書了，其他財經媒體也來邀訪，如今頻道邁入第四年，這份熱愛不但沒斷過，還有了更清楚的目標。「目標導向」就是業務的基本核心，一個沒有目標導向的人，儘管付出很多，到頭卻來會發現一事無成。如果能夠以目標為導向，就可以建構一套清晰的流程，享受美好的成果。在本書中，我將提供發生自己身上的具體實例，更會教大家如何實踐、活用業務力在生活的各個場景，讓讀者有更深切的認知與收穫。

紅遍全球的電動車特斯拉（Tesla）CEO馬斯克（Elon Musk）曾對媒體表示，面試時他會問每一個面試者，自己曾遇過什麼最大難題及如何解決，因為唯有真正有解決過問題的人，才能說出個中精髓與細節。

真正的強者，往往是被環境逼出來的；真正能做事的人，往往是能解決問題的人。在我人生最低谷的時候，是用業務思維來撐過難關、扛住自己，對我來說，業務力就是解決大小困難的能力。人生不可能永遠一帆風順，如何逆風翱翔，靠的是本領，業務力就是最根本的生存能力。

順境、逆境都是人生的一部分，每個人一路走來難免磕碰跌撞，流血流膿出現大大小小的傷口，這些傷口在我們身上成為獨特的印記，也讓我們成為更出色

的人。我很喜歡一款茶叫「東方美人茶」，因為遭到小綠葉蟬咬食後，葉片會散發一種天然的蜜香，特別好喝；這就像茶葉蛋有裂痕才能入味，人生也會因遭逢挫折，而成就更好的自己。我希望這本書帶給讀者從逆境脫穎而出的POWER，培養業務力的思維和特質，領悟生命的真諦。

這次版稅，個人所得將捐給創世基金會與世界展望會，幫助植物人與非洲小孩。寫書做公益，購書的人也一同做公益！

希望買這本書的人，可以得到滿滿的正能量，勇敢打破人生框架，邁出關鍵的一步。

Part 1

從不擅溝通的內向人變身業務一姐

內向的人，也能當業務嗎？

不擅社交，也能打造人脈嗎？

其實，只要坦率做自己，

展現真誠就是你的最大優勢！

01 個性自卑內向，但對目標執著

我是個鄉下長大的小孩，家裡僅憑父親單薄的薪水養活一家五口，兒時記憶時常伴隨著父母親為金錢吵架的景象。我從小便跟著母親做家庭代工，例如幫忙搥皮鞋的皮件，把邊緣折起來搥平整；或是把荔枝的皮剝掉，種子挖出來，放進底層鋪著透明塑膠袋的黃色籃子，稱重計價。家境並不富裕的我只有一雙白色的鞋，鞋子破了，就用線縫起來；鞋底與鞋子分離，就用強力膠黏起來。也因為過得如此拮据，我對金錢極度沒有安全感，從小便希望有一天可以變有錢人，讓母親過上好日子，買小美冰淇淋給妹妹們吃。

自卑與內向一路相隨

後來因為爸爸職務調動到台北，我必須轉學到台北念國小，這才發現城鄉差距導致自己和同學之間程度落差極大。我沒讀過幼兒園，更沒學過注音符號，還記得上課第一天，老師立刻考大家注音符號，班上同學就我一個不會ㄅㄆㄇ，連續幾次考試都掛鴨蛋，始終跟不上同學的程度。這件事讓我既灰心又沮喪，乾脆直接放棄學習，不寫作業，成了老師眼中的問題學生。

我被同學貼上「笨」的標籤，加上我頭髮天生捲又硬得要命、眉毛很粗，嘴脣厚，鼻子癟，有手毛，又有點暴牙，這樣的外表經常被男同學訕笑，說我是黑猩猩、張飛，直到長大後母親跟我說，鼻子扁代表人緣好，手毛多的女生以後會有錢，我才漸漸釋懷。

功課吊車尾、外型被嘲笑、口袋也從來沒有零用錢，這樣的我在同學面前很難抬得起頭來，也交不到什麼好朋友。小學生最期待下課擠進福利社買東西、吃零食，我只能一旁看著吞口水；只要是班上需要繳錢的團體活動，包括聚餐、聯誼，連畢業旅行我都沒辦法參加，同遊的合照常常沒有我。從國小到高中的求學生涯中，只有自卑和失落一路相隨。

小時候的環境會影響一個人的成長，我並不是一個天生就內向的小孩，但習慣性的自卑讓我成為別人的背景與配角。儘管如此，我卻從未因此哭泣，反而培養出我的倔強性格，努力想證明給大家看，有一天我也可以很優秀。不被期待、沒有人管的孩子，反而因此沒有束縛，更能夠自在地長大。

放大優點，找回自信

那時，我記得班上有個小兒麻痺症患者，他和我一樣沒有朋友，老師把我們這兩個邊緣人安排坐在一起，座位就在垃圾桶附近。

至今，我還十分清楚記得那個同學的名字，我從他身上領悟了一些令我終身受用的道理。他行動不便、說話語意不清，一見人就吐口水。我一開始不知道他為何對我吐口水，後來才知道這是他保護自己的方法。過去他常被欺負，所以只要一見人靠近就吐口水，同學更因為怕被他吐，只敢離他遠遠的。我覺得我們是同病相憐的夥伴，並不想欺負他，反而想跟他做朋友。剛開始，我的臉上常被吐得到處都是口水，但經過一個學期後，被吐口水的次數逐漸減少，彷彿他也了解我並沒有惡意，願意慢慢地敞開心房。

透過這個過程，我似乎開始明白，一味地忍讓躲避並不是解決之道。以前我一遇到麻煩，反射性便想逃開，被欺負也不敢出聲，但也許付諸行動實際做出改變，才能根絕問題，開創新局面。

有一次，同學又笑我眉毛像兩條大蜈蚣，我一反先前的態度，當面跟他下戰帖：「但我的眼睫毛很長，要來比比看嗎？」我們用衛生紙撕成一片片，揉成小球，看誰可以放在眼睫毛上比較多顆，結果我贏了，同學再也不笑我了，反而更懂得彼此尊重。

現在回想起來，這些行為雖然幼稚好笑，卻透露出內心那種不甘受欺的心態，我用眼睫毛長的優勢去掩蓋別人認為我是蜈蚣眉的弱勢，這種放大優點、忽略缺點的方式，讓我一步步找回自信。

思想成熟，不再被局限

隨著年紀增長，我的思想逐漸豁達了起來，後來就算同學笑我醜、叫我笨蛋，我也無所謂，因為在母親的眼中，我永遠是最好的！

國小快畢業時，我的體重直奔五十公斤，對於一個十二歲的國小生來說實在是超重，再加上我左臉上有一顆痣，總讓我覺得困擾。母親見狀，便帶我去菜市場把痣點掉。臉上不再有痣的那天我好開心，覺得自己變漂亮了，也產生了一點自信。

除了外貌，母親也讓我學會看見自己的美好內在。有一次我正在洗米，聽見母親跟一群鄰居太太聊天，她在別人面前不停誇獎我很勤勞，會主動幫忙做家事，米還洗得特別乾淨。母親的鼓勵給我很大的力量，更懂得告訴自己：同學無法定義我，要學會看見自己的優點。

母親不僅經常鼓勵我，當我數學成績不好，她還會偷偷把一部分菜錢省下來，讓我去補習一個月；考大學前，我擔心考不上，認為或許可以試著去考美術班，為了學素描等畫畫技巧，母親也偷偷塞錢給我，讓我去畫室學了半年。不論家中環境再惡劣，母親仍然無條件支持我的決定，成為我最堅實的後盾。

回想過去的自己課業被嘲笑、長相被戲謔，動不動就妄自菲薄、自暴自棄，其實是因為自己自卑、拿不出自信，也無力挽回局面。一直到我相信自己，告訴自己「我辦得到」，開始採取行動，這些問題也就漸漸不再困擾著我。

當年轉職業務時，有人認為我個性內向，比較安靜，也懷疑我能力不夠好又沒有經驗，恐怕做不來業務這個職位。但這並不意味著不能做好工作，誰說業務一定都要外向呢？例如業務必須要懂得如何向客戶提案，但這件事不一定只能靠說話，文字、圖片、手勢、PPT都是一種表達方式，連一封Email也能發揮很大的影響力！台中知名景點「薰衣草森林」之所以聲名大開，就是藉由一封郵件的轉發，讓兩個女生憑著熱情在種滿薰衣草的山上開了咖啡店的故事廣為流傳，感動了無數人前往探尋。

其實大多數人都同時兼具內向和外向的特質，但最重要的是個性持穩、待人以誠，內向不被局限、外向不顯優越，個性偏內向或外向並非那麼重要。除此之外，定準目標，隨時準備好抓住機會，這更是業務工作最重要的特質。在朝向自己設定的目標前進時，也會逐漸變得更敢於表達自己。

關於「定準目標」，我有許多成功經驗。我是一個對目標執著的人，小學五年級曾經為了買一台新腳踏車而去打工賺錢，可說不畏艱難。這是我人生中第一次展現業務力，這個經驗在我小小的心靈生根，當同學抱以羨慕的眼光看我騎著新腳踏車，我領悟到：困難就是成長的機會，只要戰勝它、克服它，人生一定會更好！

後段班考取大學，改變當女工命運

同樣的情況發生在大學聯考。念高中時，全年級共十二個班，只有四個班是前段班，每一年僅有其中幾名學生有機會考上大學，後段班幾乎都是就業或念職業專校，所以老師不太管我們要不要讀書，日子過得開心又愜意。

升上高二，我被調到前段班，驚覺自己的程度遠遠落後班上同學，除了學習新的課業進度，還要趕緊補足落差，每天都非常痛苦。還記得有一次上國文課，我不小心打瞌睡，老師手中的板擦「啪」一聲，正中我的臉上，弄得我滿臉、全身的粉筆灰，看上去十分狼狽，只聽見全班哄堂大笑，重重打擊了我的自尊心，這些屈辱點點滴滴在我心裡留下烙印。

回到家裡也不好過，父母親一次又一次為錢起爭執，家庭氣氛十分緊繃。也因為家中經濟狀況差，父親更曾說過若考不上大學，就得去紡織廠當女工。我一回想起國小暑假在紡織廠打工，鼻子吸滿毛巾纖維，還得在燠熱難當的天氣下滿身大汗地搬毛巾，連休息用餐的時間都沒有。我渴望早點獨立，脫離這一切，心想：唯一的機會就是上大學了，只能拚了！

我把頂樓鐵皮搭建的儲藏室整理成臨時書房，聯考前每天都窩在裡面發憤用功。夏日炎炎，氣溫動輒三十幾度起跳，屋內只有一把老舊的風扇不停轉動，讀一讀就汗如雨下。實在熱得受不了，索性沖溼全身衣服，對著風扇吹涼。我就在這樣克難的環境下苦讀四個月，我自知數學不好，拿不了高分，就從比較擅長的文科下手，把課本內容背得滾瓜爛熟。

大學聯考榜單揭曉，全班只有五位上榜，我就是其中之一。在那個全台灣只有十幾所大學、錄取率僅二五%左右的年代，我竟然考上東海大學，跌破所有人的眼鏡。

感謝折磨你的人，人生沒有無解題

就是這麼一個「想要翻轉命運」的動機，驅使我不斷前進，從班上倒數的成績一躍登上聯招紅榜。在這之前，從來沒有人指望我會考上大學，但我沒有輕易放棄，靠著勤奮苦讀、不服輸的精神，考上了大學，離開了雲林鄉下。

多年後回頭看，心中滿懷感謝：感謝那位向我丟板擦的國文老師、感謝覺得我考不上大學的班導、感謝父親要我去做女工的那番話……**人生沒有真正難題，只有過不去的自己；所有的折磨，都是激勵我的動力來源**。為了向外界證明我可以，即使只有萬分之一的機會，我也絕不放棄！

闖出人生好業績的業務力思維

★懂得看見並放大自己的優點，別被固有思維局限了可能性。

★內向與否沒有那麼重要，待人以誠、隨時準備好抓住機會，才是決勝關鍵。

★人生沒有真正難題，只有過不去的自己。訂下目標、徹底執行，是改變現狀的捷徑。

02 為了脫貧，我從PM變身業務

談錢，感覺滿身銅臭；賺錢，聽起來很俗氣。但是說實話，「賺很多錢，變成有錢人」，這是我從小就許下的願望。

來自雲林鄉下的貧苦家庭，身為窮人的我唯一能做的，就是比別人打更多工。考上東海大學後，我為了籌措短缺的生活費四處打工，好不容易撐到大學畢業，總算可以好好找個工作，有正式穩定的收入。但我漸漸發現，儘管努力儲蓄、勤勞、節儉，生活過得還是非常拮据。剛出社會時，我一個月薪水只有兩萬多元；進入職場數年，薪水仍舊沒漲多少，扣掉勞健保、餐費便所剩無幾。

等到結婚有了小孩，先生除了要扛自家的經濟壓力，再加上小孩學費、母親幫忙帶孩子的費用、家庭生活基本開銷如房租、車貸，兩人薪水加加減減根本存不了多少錢。老實說，要靠勤儉致富，幾乎是不可能的，這也讓我起了轉做業務的念頭。業務每年有獎金與股票可領，至少我努力去拚，再怎麼樣都比只賺底薪來得強。而這樣的決定，也對我往後的人生帶來極大的變化。

沒學歷、沒背景，卻被大企業錄取

我大學念的是外文系，與大多數外文系學生的志願不同，當時我最想去的是最熱門的電子業。所以一畢業，我便鎖定中部最大的電子業上市公司，這家公司當時是幫國際最大的電腦公司主機板做代工，也是世界第一個做無線網卡的代工廠，不少人擠破頭想要拿到入場券。我這個非本科系生，憑著初生之犢不畏虎的傻勁，也大膽投了履歷應徵業務，幸運獲得面試的機會。

為了這場重要的面試，我特地去添購行頭，看上品牌服飾店裡一件水藍色套裝，要價三千元，這個價錢對普通人而言可能是小數目，對我卻是天價！我那時在早餐店打工的時薪是六十元，晚上幫法國夫婦帶小孩的時薪是一百五十元，三千元幾乎等同我半個月的薪水。

在服裝店門口徘徊猶豫許久，遲遲無法下手。想起我得在寒風刺骨的冬天凌晨摸黑出門，手臂經常被油濺燙，忙得無暇處理傷口，辛苦兩個半小時也不過賺一百五十元，實在是捨不得花錢，但一想到畢業後得趕緊找到工作，最後還是咬咬牙買下來。回家對著鏡子端詳，原本樸素青澀的學生模樣，穿上套裝後看起來果然專業多了，心疼的感覺才稍稍平復。

面試當天，早上先進行考英文、性向測驗等筆試，下午面試，耗時許久。叫到我名字的時候，我禮貌地敲門，臉上帶著微笑走進去，三個主考官坐在對面，沒給我任何喘息的空間，連珠炮似地拋出犀利問題，讓我窘到想直接逃回家：「妳為什麼念外文系，為什麼不念企管、國貿系？還可以懂一些商業知識。」「妳念外文系，為什麼英文考得這麼差？」「妳讀夜間部，怎麼成績這麼爛……」

一連串的質疑與打擊，讓我十分難堪，但我很快收拾好情緒，重新掛上笑容，挺直背脊，從容地告訴主考官們，雖然我沒有商業背景，考試成績不出色，但我的適應力很強，學東西很快上手，如果公司同意我來工作，一定不會讓他們失望。水藍色套裝就像護城河般，阻止了我內心的潰堤，讓我重新鼓起勇氣。

我不疾不徐地分享大學四年來各種的打工經驗，他們聽了很驚訝，沒想到我竟然做過這麼多樣性的工作。在牙科診所打工時，醫生曾多次稱讚我齒模製作學得又快又好；在鞋廠當助理時，老闆也很放心把出貨訂單交給我處理；在超商當店員時，老闆和顧客都與我處得十分開心，不斷強調我的辦事效率高、工作認真，肯吃苦耐勞。我最後再補一句：「請相信我，我會盡一切所能，把業務工作做好。」

面試時我盡量表現得鎮定、神情自若，但回到家後一關上門，立刻控制不住情緒放聲大哭。那些尖銳的提問，就像一把把刀刺入心裡，自尊心受到嚴重打擊，彷彿經歷了一場羞辱公審。我心想錄取大概無望，灰心地開始尋找其他工作機會，沒想到一星期後傳來好消息，收到了錄取通知，那一刻真是欣喜若狂！

展現熱忱，彌補不足

新人訓練的時候，發現公司裡的業務不乏是頂著金光閃閃海外名校的學歷，不然也是台清交成的傲人光環，讓我很是意外。這一梯錄取的業務只有我一人，其他錄取的都是研發人員。原來當時主考官的殘忍提問，目的是要測試我的抗壓性。幸好我沒有被擊倒，仍然奮力不懈為自己爭取機會，展現對工作的熱忱，或許正好是這點彌補了成績及學歷上的不理想，讓這間上市的大公司願意破天荒錄用我。

人生第一份工作得來不易，至今，那套水藍戰袍還好好地掛在我的衣櫃裡，它的存在無時無刻都在提醒我：**勇敢為自己爭取機會，如果不為自己爭取，沒有人能夠幫助你！**

隨著在上市公司工作一段時間後，加上兩段無果的戀情，我的腦中開始浮現想要出國深造的念頭與決心。

掙脫鳥籠，奮力一飛

一位是大學認識的同學，畢業時家人都來觀禮，他坐在黑頭禮車後座，對我揮手，我基於禮貌帶著爸媽過去打招呼，但他的父母始終冷漠地坐在車裡，沒有說一句話。等我開始工作後，正在當兵的他打電話來，說新兵有個懇親會，希望我過去看他。還記得懇親會那天下著大雨，我騎著摩托車要趕搭火車，天雨路滑，一個不小心便摔了車，幸好及時趕上。到了現場，不料又看到他的爸媽與哥哥嫂嫂們，狼狽的我本想轉身離開，卻聽到他大喊：「陳詩慧，妳來了！」我只好忍著傷口的痛，小跑步過去打招呼。

大家一起去高級日式料理餐廳吃飯時，我感到坐立不安。烤魚下巴這道菜上來時，他的母親問我：「妳在做什麼工作？」我把名片拿出來，上面印著：「陳詩慧，業務專員，汽車電子部門，美國市場。」這時卻聽到她冷冷地說：「原來只是個業務員！」氣氛開始變得很奇怪，沒有人跟我說話，彷彿把我當成隱形人，一整天堆疊的委屈讓淚水在眼眶裡打轉，我趕緊衝進洗手間，他卻在外面喊著，要我回去吃飯。我擦乾眼淚，頭也不回地離開了。

他的父親是跨國企業老闆，哥哥嫂嫂們讀的都是留美名校，那是一個我從來沒有接觸過的世界。退伍後，他打電話來說，家人安排他去美國念書，要我保重。有次回斗六老家，才從爸媽口中得知他去美國後有寫信給我，過年期間也來找過我，為他當年的不懂事道歉。不過往事不可追，我已結婚生子，這段戀情就這麼無疾而終。

另一段感情是在公司工作時，一位與我同天面試錄取、名校畢業的工程師，家人希望他在國外歷練後，再回來繼承家族企業。他希望我能跟他出國念書，畢業後一起在美國工作，但貧窮的我哪有這筆閒錢？於是才剛要發芽的感情立刻畫上休止符。

沒有顯赫的家世、沒有亮眼的學歷、沒有深厚的口袋，讓我總感覺矮人一截。長期以來，經濟問題一直困擾著我。我還記得考上大學選擇學校時，我想念外文系，父親堅持要我念中文系。當時我的成績可以選國立中興大學中文系、私立東海大學外文系，但私校學費是國立的三倍，家裡實在供應不起。最後家裡和我約法三章，只能提供我每月四千元的開銷，其餘得自己想辦法。

開學後，父親陪著我找房子，當時雅房租金一學期要一萬八千元，套房要兩萬八千元起跳，為了省錢，父女倆一一詢問有無想合租的學生。一次次叩門詢問，一次次被拒，跟在父親身後的我，始終低著頭。最後我住在最便宜的頂樓加蓋，夏熱冬冷，沒有獨立廁所，租金一學期只需一萬兩千元，我便在這裡度過大學四年的時光。

求學生涯如此窮困，戀情也走得嗑嗑絆絆，反觀公司不少出國留學回來的業務，流露自信亮麗的神采，為公司帶進上千萬訂單、領高薪與豐厚獎金，我不想就此待在原地，決定要飛出鳥籠，去看看外面的世界。

投資小白慘賠，異國打工讀書

在電子公司上班那三年期間，我全年無休地工作，週末還去教美語，奮力存到了一百萬，沒猶豫太久便大膽辭職、出國念書。當時我自以為聰明，先買了基金，又從一百萬中撥出一部分買了股票，剩下的錢做為出國之用。我天真地認為基金、股票都會繼續漲，可以坐領利息，之後股票高漲又可以賣掉，後面的學費就不用愁了。

萬萬沒想到，我誤信銀行理專買的日本基金慘被套牢，只好趕緊咬牙認賠賣掉。股票又不慎買到地雷股，股價狂瀉、公司下市，最後變成一文不值的壁紙。千金難買早知道，這兩個慘痛的教訓讓我日後在投資這件事上，一定會自己做足功課，不再聽信小道消息。

後面的學費都泡湯了，我的生活也開始陷入進退兩難的困境，為了把剩下學業完成，我只好四處找工作，開始在英國漢堡王（Burger King）打工。半工半讀賺得的錢杯水車薪，還是不夠生活，於是到處跟親朋好友借錢，總共借了四十五萬元。雖然過程充滿波折，我終究完成了學業。

二〇〇一年，我從英國拿到碩士學位，開啟了人生的另一篇章。評估產業未來的發展性和存錢還債的壓力，我鎖定找尋新竹的電子業工作，選擇無線網路做為職涯起點，進入了當時位於新竹、尚未上市櫃的科技公司上班。

剛進去時，我的職稱是PM專案管理（Project Management），這個工作有點像是為第一線業務打雜的後勤人員，主要在協助歐洲與美國市場的業務經理（Sales Manager）處理公司內部的事。業務在國外衝鋒陷陣，我就做內勤業務（Internal Sales），協助業務跑公司內部流程、緊盯新產品製造生產、追蹤訂單進度。產品從製造到出貨給客戶，都屬於我的任務。

剛進入公司的我，不熟公司流程，常常不知道自己出了什麼錯，經常被罵。印象最深刻的是，當時我負責美國客戶的Wi-Fi模組，為了可以順利出貨，我幾乎鎮日待在生產線上，經常整晚熬夜，早上回家睡一下又得趕緊到公司。總算貨到美國了，原本以為可以鬆口氣，卻被公司罵了一頓：「妳是豬頭嗎？竟然出錯誤的規格給客戶！不如回鄉下種田算了！」

我一頭霧水，不知道錯在哪裡，本想找出中間是否哪個環節有誤，但第一線業務氣急敗壞地訓斥我，老闆們也都認為是我的錯，我只能默默吃悶虧，趕緊將對的貨出給客戶。

專案管理加上內勤業務，這份工作其實就是大小雜事通通一併處理：公司開會，我會負責做會議紀錄；客戶來訪，我要事先打點會議室和茶水，了解客戶胃口喜好、預訂餐廳，有時還要接待國外客戶到台灣景點走走。現在想想，做會議紀錄對新人是很好的訓練，能夠清楚每個環節是如何進行的，較快進入狀況，也會認識相關部門的人員，在溝通事情上會更容易打通任督二脈。我必須說，做會議紀錄為我打下了良好的基礎。

每天認真超時工作，一出錯就被罵、被咎責，受人誤解更是經常發生的事，但我也不停地反省，可能真的是自己能力不足。當時，我每天最期待的時光就是下班回家看兒子。每次一開家門，兒子就笑著露出兩顆剛冒出來的小牙，包著尿布、咚咚咚地跑向我：「媽媽！媽媽！」滿腹委屈瞬間瓦解，再多的煩惱都煙消雲散。

有一回我又被罵了，眼淚在眼眶裡打轉，我只能拚命忍住，然後靜悄悄地躲在廁所，整理好心情再出去。傍晚去幼稚園接兒子，帶他去公園玩，兒子在翹翹板上上下下，笑得好開心，看著他，心情也漸漸好起來。我想著自己常無辜被罵，暗自下定決心：我一定要改變這樣的生活！

從內勤變成業務，人生轉捩點

或許是老天垂憐，聽到了我的呼喚吧，機會出現了。老闆有天詢問大家：「公司業務離職，現在缺人，有誰要當業務？」我抓住機會，趕緊舉手：「我要做業務！」

想起兒子、想起家裡還在租房子（每個月要繳一萬五千元的租金）、我現在還騎著老舊的摩托車上班……我要擺脫現況，我要給家人過上優渥的生活，我必須找到新的出路。

主管驚訝地看著我，先潑了我一桶冷水：「妳雖然很認真，但處理案子常出錯。連內勤業務、PM都做不好，要一個人出差拓展業務，妳有辦法嗎？」又列舉其他業務的戰績給我聽：「他們一年業績都有幾億，妳現在手上一個客戶都沒有，要怎麼追上？找訂單業績壓力很大，妳有辦法承受嗎？」

我冷靜地簡單回答：「我想賺更多錢，想買房子讓家人有更好的生活，無論多難，我都不會逃避。」就這樣，在進入公司兩年後，我得到了從ＰＭ轉業務的工作機會。後來自己當主管後才發現到，其實當業務最重要的還是看你肯不肯吃苦、敢不敢拚，和你是否有優秀的學歷背景沒有絕對關係。

事後回顧，這個職涯的轉變，是我人生中重要的轉捩點。誰會想到，就在我進入公司工作的第七年，從一個常被罵吃悶虧的ＰＭ，變成衝鋒第一線的業務；從業績掛零的菜鳥，變成帶給公司百億訂單的超業一姐！

闖出人生好業績的業務力思維

★人生沒有彩排，每天都是直播，勇敢為自己爭取機會！

★如果方向錯，停下就是進步；只要方向對，改變不嫌晚。

★可以生氣，但不要愈想愈氣；不被情緒勒索，才能找回心靈的自由。

★自我價值不是在他人嘴上，先認同自己，別人才能認同你。

03 字典裡沒有放棄，變身超業一姐

好不容易爭取到業務的轉調，沒想到我第一個任務不是去開發客戶，而是「討債」。那位離職同仁所負責的美國客戶累積了好幾年的逾期帳款，金額上達台幣兩億，公司希望我盡快追討回來。

離職的資深業務都沒辦法追回來了，我這個菜鳥能要得到錢嗎？突然覺得自己好像接下了擦屁股的任務，但好不容易才轉職成功，我只能摸摸鼻子，捲起袖子努力幹活。

該從哪裡開始呢？由於這筆爛帳時間已久，經手的人事物繁雜並多有異動，難以釐清脈絡，我只好循著一點點線索慢慢追查。一開始是寄 Email 跟對方討債，把逾期欠款明細全部列出來，沒想到對方的財務部人員卻回我：「系統上找不到有此訂單出貨。」此後不管我寫多少 Email，都石沉大海。

愈是謎團，愈要解開，我天生愛冒險，具有探索精神，假想自己是福爾摩斯，非要找出真相不可。記得國一時，我也曾扮演福爾摩斯的角色。那是一件有點驚恐，回想起來有點不愉快的事……

秉持正義感，追查兇手

當時，我必須每天騎腳踏車穿越竹林，以及竹林旁的夜總會（墳墓）到學校。如果是正常的放學時間，通常會和一大票同學同行；但那天我剛好落單，因為我是班上的衛生股長，需要留下來檢查教室整潔，所以比較晚離開。

我記得很清楚，那是一個週六的下午。約莫一點多，我一人騎車經過竹林，突然感覺到有輛腳踏車快速從後方靠近我，然後有一隻手飛快地擊打我的胸部，我還來不及反應，他便以迅雷不及掩耳之勢轉身騎車離開，我僅在匆匆一瞥時看到對方閃避的眼神，以及和我同樣的學校制服。趕緊低頭一看，驚見自己的白色制服上有塊泥掌印，沾了汙泥的五指鮮明地印在胸前，我慌張地趕緊離開現場，回家後全身發著抖，把白色制服洗了，怕家人擔心也不敢讓他們知道。

生平第一次遇到變態，從來沒想過這種事會發生在我身上，幸好沒有更嚴重的後果。心裡就算受到驚嚇，我仍努力正向思考：如此了解我放學回家的時間，應該是注意我很久了。

有句話說，「不怕賊偷，就怕賊惦記。」這句話的意思是，不怕壞人使壞，就怕壞人存在著僥倖的心態還要二次犯案。一想到可能會有其他女生受害，我的正義感頓時萌生，暗自下定決心要找出那個人，絕不姑息。但茫茫人海，如何才能找出那個「鹹豬手」？

一天早上升旗典禮，大家正在整隊，準備一班班接續到操場就定位，在經過已排好的班級前面時，我突然感覺到有人在看我。到底是誰？

大家一定都跟我有過相同的經驗：別人眼神一落在自己身上，馬上就能察覺到。其實這是有科學根據的，人類的瞳孔可以感覺到餘光，因為虹膜與鞏膜的色差，讓每個人都可以感覺到別人的注視，這是人類天生的自我防衛本能，當身體無法提供更多環境訊息時，眼睛可以敏銳地感知外界狀況。

我開始回想那一天看到的所有細節：從他立刻轉身的背影來看，他的身材比我矮小。有那麼一瞬間，我看到了對方的眼神，而那天的記憶太過震撼，我把每個枝微末節都記得清清楚楚，不可能忘掉。升旗典禮結束了，後面的班級會先走，我開始用眼神逡巡每個人，唯有一雙眼睛與我相視一秒旋即低下頭。我立刻知道他就是犯人，身形也符合我看到的背影。第一節下課，我馬上衝到教官室舉發他。

那天晚上，我正在做功課，母親在煮晚餐。教官帶著那位同學及他的媽媽登門道歉，這事就此結束。

窮追猛「打」，找出真相

發生問題的當下，當事人難免會焦慮、緊張、害怕，此時最好深呼吸，試著冷靜下來。跳脫自己是當事人的身分，換一個角色去看問題，比較容易找出問題出在哪裡。

「兩億帳款憑空消失，怎麼可能？」我靜下來思考，開始羅列問題，尋求解決之道。客戶在美國，有時差的問題，寫 Email 是最方便、最省錢的聯絡方式。但對方完全忽略我的郵件，沒有辦法，我只能算準美國上班時間，每天坐在辦公室待到晚上十點，時間一到，就打電話給那家公司的財務部。人不在，我就繼續打，打到人出現為止。好幾次對方都不堪其擾，生氣地對我說：「怎麼又是妳？不是跟妳說過了，我們系統查不到有這筆訂單嗎？」

我使出哀兵之計：「沒辦法，我好可憐，我每天被老闆罵追不到錢，當什麼業務，如果我再拿不到錢，我可能會失去工作⋯⋯」

對方語帶不耐：「沒有就是沒有！」用力掛上電話。

對方認為我在浪費她的時間，但我緊追不捨，繼續打電話。我想，那家公司在業界頗負盛名，又是一家跨國大公司，沒聽說有什麼財務危機，怎麼可能一直欠款不還？一定是有哪個環節出錯了。每次我一打給對方，就先道歉認錯，因為我們公司也有責任，按理沒收到款項就應該立即跟客戶反應，但這件事一直被忽略，時間一久，變得既棘手又難處理。

經我如此鍥而不捨地追查，終於有人願意幫我查問。除了打電話給財務人員，我也同步和該公司的採購、研發、稽核等部門聯絡，主要是請他們幫忙了解：為什麼沒有這筆款的紀錄？為何有收到貨卻沒支付貨款？一步步釐清問題。

隨著一層層過濾、抽絲剝繭，答案終於水落石出。原來這家跨國企業並非故意拖欠帳款，而是因為他們組織太過龐大，所有作業都是標準流程，財務會計必須依照電腦財報資料才能付款。採購部門必須一筆筆先登錄完成程序，財務部門key in進系統裡，會計部門看見才會支付帳款。而我們公司的出貨紀錄並沒有登錄進他們公司的系統裡。

至於為何沒有被登錄進去？猜想由於這間跨國公司在世界各都有採購分公司，可能是經手當事人疏忽或是異動造成的，如今已不可考。於是，我一筆一筆提供訂單紀錄，證明公司當初有出貨，然後聯繫該公司位於美國東西岸、中南美等不同採購部門負責人員查詢、key in，再跟催會計部門付款。為了追債，我日日夜夜不敢懈怠，有時一天僅睡三、四小時，因為這些地方的時差都不一樣，差十二小時、十四小時或十七小時不等，我都算準時差打電話，非追到那兩億不可，不達目的決不罷休！

皇天不負苦心人，一筆筆的欠款匯進來了，兩億元全數到帳。

追討欠款之外，我還必須積極爭取訂單。在聯繫客戶途中，發現客戶多嫌我們公司小、資源不足，不像別的大公司，在歐洲、中南美都有工廠。我跟主管說明不被選擇的原因，但主管生氣地說這些都是藉口，「厲害的業務沒有產品也賣得出去！」我只好摸摸鼻子，再想想辦法。後來，每次我遇到挫折，被客戶拒絕時，我就會告訴自己這句話。沒想到，三年後我真的做到了。

剛好，另一位離職業務留下了一位客戶，每年大概帶給公司台幣幾百萬的業績，給了我繼續爭取訂單的機會。儘管是小客戶，公司沒有特別重視，但我並不會因為訂單小就冷落他們，反而特別賣力經營。

不求回報的服務，業績成長十倍

我幾乎天天親切問候，而當時正逢這家公司組織重整，採購部門與ＰＭ移轉到英國，剛好我在英國留學，很熟悉英腔，聊起來格外有親切感。客戶採購來台灣時，我帶他們品嘗台灣美食，到處觀光，賣力且仔細地介紹台灣的文化特色，也讓客戶對我們留下了美好的印象。**現在努力打好關係，就是為了接下來能拿到更大訂單的機會，而要做好這件事，關鍵就在於發自真心、用心拉近彼此距**

離」，秉持誠信，說到做到。

我會花如此多的心思在一年只有幾百萬營業額的客戶，是因為我發現，這家系統廠商其實並不小，只是因為把訂單給了其他代工大廠。這是一個有潛力的客戶。每年客戶都會發新的報價單（Requirement for Quotation, RFQ），客戶會向供應商提出計畫採購產品規格，請對方報價。報價單裡除了預計採購的產品規格外，還會包括付款條件、採購量、交期、品質要求、退貨服務、違約賠款等內容，總之只要贏到RFQ，就會有訂單，再來便是做好產品出貨，我就會有業績了。

在彼此的良性互動下，客戶主動提供了報價單給我，告訴我如果要爭取到訂單，得注意哪些「眉角」，對方善意的提點，讓我們公司有了萬全的準備。最後，由我經手的新訂單，從原先一年幾百萬躍升至兩千多萬，跳增了十倍！

積極開發客戶，不輕言放棄

雖然有了一年兩千多萬的業績，總算破蛋，但在主管的眼裡，還是太少。我開始定下心來，尋找公司未來可能發展的產品線。

那時候剛好一位業務要離開，她轉交給我幾張名片，告訴我這個客戶很大，有興趣的話可以試試看。於是我去 Google，發現它是美國知名的電信系統廠商，提供整套系統軟硬體產品給歐美電信公司。為了開發業務，第一步是寫 Email 禮貌性問候與自我介紹，一如預期沒有收到任何回音。我秉持著窮追猛打的業務精神，每天晚上到半夜，便窩在辦公室裡打電話給名片上的每一個人，跟他們聊天，介紹公司。其中某位工程師可能是被我的認真勤勞感動了吧，終於同意我前去美國拜訪，願意幫忙安排 R & D 與其他相關人員一起討論產品規格，令我既興奮又開心。

還記得第一次拜訪國外客戶，早上六點多的飛機到達東岸，九點就要正式上陣，時差得在飛機上就調整好。我在那三年間馬不停蹄地穿梭於美國東西兩岸與台灣，當時還為了省旅費，住在戴斯酒店（Days Inn）這種平價旅館，每晚住宿費為四九．九九美元。

有次客戶忍不住問我：「Daphne，妳住哪裡？」我老實回答，自己都住加油站旁的 Days inn，客戶總是驚訝地說：「那裡很不安全又吵雜，妳的競爭對手出差都住假日酒店（Holiday Inn），品質比較好，一晚也只要一四九．九九美元。」站在為公司省錢的立場，我只能硬著頭皮笑笑說：「住旅館省下來的錢，我才可以折價給你！」

客戶又問：「別的公司都是一整個團隊來訪，不是在這裡有辦公室，就是一住好幾個月，怎麼妳都是一個人來？」我有點不好意思又必須很自信地回答：「我可以處理所有事情，如果我有不清楚的，可以透過電話會議跟公司的研發部門即時線上討論。若有需要面對面討論產品規格，我們會派 R＆D 過來。」其實我心裡知道，我的目標在於先行探索是否有未來合作機會，有的話，公司才會派人過來支援。

不眠不休，搶下百億訂單

由於公司剛開始研發機上盒，成本比較高，為了跟其他公司競爭，我們必須把成本價格壓低下來。為了得到訂單，我與研發團隊充滿無比熱情，燃燒著自己的體力、意志力。白天，我在美國跟客戶開會；晚上，我與台灣研發團隊開電話會議，討論規格與產品零件。客戶跟我的主管與老闆說：「Daphne never sleeps!」

產品研發了兩年，一直達不到測試標準，品質被客戶嫌到不行，但我們還是持續地努力研發改進。我問客戶，你們現在的產品有什麼缺點，想要改善哪些地方？客戶提到最關鍵的散熱問題，而為了解決這個難題，公司卯起來認真投入研究，在經過無數次的會議和測試後，第十三次終於以創新設計贏得了這場戰役，整整耗時三年。二〇〇八年，我們的產品上市，成為美國電信大廠的供應商；我們這個團隊，也在年終尾牙時榮獲最佳團隊獎。

團隊為公司打下了攻占電信大廠的基礎，搶下百萬台、上看百億的大訂單，此舉也為我締造絕佳的業績，登上公司業績寶座。我從零出發，原本僅是一個在業務經理旁幫忙的助理，搖身一變成了搶占公司一半業績的超級業務。我終於做到主管當初嗆我的話：厲害的業務，沒有產品也賣得出去。

不做不知道，一做發現自己是塊料

剛畢業時，很多人可能都不清楚自己的興趣在哪裡，不妨多嘗試，先不要自我設限。就算找到的工作自己覺得不喜歡、做得也不順遂，但只要與自己的未來目標差距不遠，就應該努力去做，相信最後一定能達到心中的理想。

就像我的工作，初期也是跌跌撞撞，先在後方當個PM，後來跳到第一線，公司交給我的第一個任務卻是追逾期帳款。然而，這份工作看似吃力不討好，好像自己吃了虧，其實是玉隱於石，收穫最多的還是我，因為在過程中我認識了該公司不同部門的關鍵人物，尤其是研發與採購部門主管，跟他們漸漸熟稔後，當他們有新的採購案，就會告知我。

公司每週都會檢視業績成果，身上的壓力從沒有解除的一天。而透過一位離職業務交接的客戶，我卯起勁把小客戶變大客戶，業績翻漲十倍之多。這當中我做了很多事情，包括帶客戶認識台灣，看起來微不足道，卻產生了很大的影響。

有了拿到訂單的經驗，我精益求精，看到市場商機後便努力獲取拜訪客戶的機會，再說服老闆公司增加機上盒生產線。與團隊苦撐三年，最後成功拿下百億訂單。從業績掛蛋到百億業務，所有人都覺得不可思議，老闆也認可了我是個業務人才。公司也從只做品牌客戶代工，正式跨足更高階的電信產品供應商。

闖出人生好業績的業務力思維

★細化問題，找出問題的根本原因，才有辦法真正解決問題。

★不要輕看任何一件事，也不要小看任何一個人，多盡份心力就多一分幸運！

★態度決定高度，改變態度就能改變自己的人生。

04 斜槓時代的多角化經營

醜小鴨一路力爭上游，從讀完大學到出國留學、從追討欠款到帶進百億訂單，公司也因此迎來業績創新高，年營收破兩百億，成為網通第一大廠，營收獲利稱冠。我的人生上半場經過一番洗練，終於攀登職場高峰，眼前滿山谷的花香，天空一片寬廣燦爛。接下來呢？

改變需要非凡的勇氣，但也需要承擔失敗的風險。二〇一三年，公司面臨組織變動，許多人相繼離職，我也鼓起勇氣出去創業。「離開」這個決定，理由看似正當，其實潛藏著未能察覺的一時衝動與危機。

自覺厲害，就是失敗的開端

名片上印著「董事長」，滿面春風的我完全沒有意識到自己其實只是個空殼子。第一次創業，我毫無經驗也不知商場險惡，財務金流、公司經營都是別人掌控，我只做擅長的業務開發，既不管錢也不管人，卻因「董事長」三個字，在團隊因理念不合爆發訴訟時，得承擔法律責任。

創業初期，我日以繼夜地工作，在美國開車到處拜訪客戶，飛過一州又一州，做到開刀、血崩也咬牙撐過，終於找到最大的客戶，眼看就要拿到十億訂單，對方也願意入股我們這家新創公司，最後卻因股東董事之間出現了糾紛，只能以破局收場。

人心真偽難辨，永遠看不分明。我像是誤入叢林的小白兔，只能任人宰割。只怪我自己能力不夠、知識不足，明明只懂業務，完全沒有公司治理與財務管理的經驗，還自覺厲害，到頭來只能被愚弄。

當一個人付出再多，卻徒勞無果的時候，只有面對錯誤，才能改變結果。我告訴自己：保持清醒，才能走出困境。我很快調整自己的腳步，最終決定退出，放棄這間苦撐三年的公司。

離開公司之後，有很長的一段時間，只要醒來就想哭。我的人生好像一下子全被抽空了，過去的人際關係也一下子消失不見，沒有勇氣面對別人憐憫或嘲諷的眼神，思想逐漸變得陰暗起來……太多的誤解，解釋也是多餘，我把過去主要的聯繫方式通通關掉，決定讓時間來沖淡失敗的苦澀。

付出帶來快樂，走出流淚低谷

創業失敗了，但人也清醒了。這次創業，無疑是我身心靈的最大挫敗。如今回首，十分慶幸自己還能走出來，而關鍵應該就在於看見過得比我更辛苦的人，讓我跳脫悲觀的迴圈。

在那段低潮期，我決定降低自己，放下身段，獻身於服務事業。我選擇去上照服員課程，到長照中心餵食植物人、幫他們按摩，只要他們吃得下、舒服一點，我就感到很欣慰。

在長照中心，我傾心聆聽患者背後的生命故事，個個教人鼻酸。我還記得有位漂亮的女孩，只因為發現男友騎車載其他女生，就從高樓跳下來；另一位全身刺青的植物人，以前是風光一時的黑社會老大，如今只能嗯嗯啊啊用臉部扭曲的表情傳達情緒。執著一念，困於一生，我看到他們躺在病床上無法自主，突然覺得自己其實已經很幸運，還有好手好腳能夠服務他人。就這樣，每天花三個多小時往返大湖上課與長照中心，我漸漸走出了流淚的日子。

這段時間的沉潛，我除了上照服員課程、去機構實習以外，也參加了EQ課程訓練，結業後成為志工老師，到國小教高年級的孩子們EQ。不只提升心靈與智識，我也同樣關注自己的健康，開始打起高爾夫球。

很多人以為我打高爾夫球是為了社交所需，其實不是。那時候我把房子由小換大，繳清頭期款後，便把剩下的四百萬投入股市。股市是分秒變化，「盯盤」很容易心慌，遇到任何大跌或突發新聞事件，定力不夠會自亂陣腳，所以我用打高爾夫球來訓練定性與專注力。

高爾夫球是一種「慢」運動，是「與自己較勁」的比賽，我從打高爾夫球的過程中悟到了股市哲學，打一場球的時光，也把股市帶給我緊張的氣氛吃掉了。就這樣，深度研究股市，穩穩操盤股票，從雲端跌落的我，以獨創的波段投資心法，創造了自己的經濟奇蹟。

二度創業，勇於面對挑戰

二〇一八年六月，在確定自己有一千六百萬獲利時，我有了重啟人生的鑰匙。二〇一九年成立公司，二〇二〇年十月，又因緣際會與朋友合夥跨足餐飲業，低GI健康餐盒，美味好吃又遠離三高，在新竹打出好口碑，如今已經有四家分店，二〇二二年正式跨入電商平台。

會跨進餐飲業源於一場奇緣。當時EQ志工群組常吃一家家常菜餐館，不料卻因為疫情要結束營業。幾位志工媽媽們深感可惜又捨不得，這家店裝載著大家許多回憶，於是眾人相約一起去這家店外帶，當做最後的告別。

言談間，我突然想起一位做餐飲的同學Bryan，他曾是一家大型餐飲集團的副執行長，能力很強。前陣子他找我聊天，落寞地說自己離職了，要到高雄去做健康便當。當下，我突然冒出一個念頭：「不如頂下這家店，問他有沒有興趣來這邊開健康餐盒？」

我立刻用LINE視訊，把店面的環境、各方面的條件給Bryan參考。沒隔幾天，他與健人餐廚創辦人Willy和貝滋小姐專程從高雄北上竹北場勘，當面了解廚房設備和環境。七十坪的店面，外面有個可以放六部轎車的停車空間，停車很方便。憑著我自己住這附近多年的經驗，對周邊環境十分熟悉，光是對面的金山雞腿飯，一天少說能賣兩千個便當，疫情期間生意更好，我們覺得成功機率很大，便立刻組成團隊，準備在新竹開疆闢土。

由於這家店本身就是做外送餐館，所以廚房裝潢設備、抽風冷氣、地下排水系統都是現成的。朋友認為各方面硬體條件都還可以，但仍須仔細評估，因為一開店就要承擔成本風險，其中首先要考量的莫過於「頂讓金」與「租金」。

我進一步去了解相關細節，店家與房東簽的是長達十年的租約，現在還不到一半就要解約了。房東表示自己的父親剛過世，留下一些貸款要處理，過去五年他沒有漲過房租，現在則是因應現狀必須調漲租金，若是沒有人願意承接，他考慮將這塊地賣給建設公司蓋大樓。另外，店家開出來的頂讓費近百萬，說是當初裝潢購置器材等，林林總總加起來至少花去五百萬，這個價錢算便宜了。

團隊跟我說，頂讓金必須說到三十萬以下，租金不能漲，以免風險過大。我們要將省下來的錢用在裝潢店面與廚房設備翻新，才能提高勝算。

幫助別人，就是幫助自己

我和 Bryan 歸零開始的時間點很類似，那時我也經歷了很長一段的落寞時光。他在高雄做便當時，寄來便當美食照，連我自己都想吃，更重要的是低卡，對於想瘦身或健身的人，有很大的吸引力。因此我希望他來新竹做低 G I 便當，因為竹科這裡實在太需要健康飲食了；以及若他能來，這家餐廳就可以繼續營業，志工媽媽們也能經常光顧聚在一起吃飯了。

就是這樣一個單純的起心動念，帶來很奇妙的結果。

談完細節的隔天，我送女兒上學後，碰巧遇到了餐館女老闆。她正抱著兒子要去看醫生，兒子高燒不退讓她很擔心，剛搬來這裡又對環境不熟悉，看上去十分焦慮。我告訴她，我的鄰居剛好就是醫生，而且診所就在我家樓下，便趕緊帶著她和孩子過去。

不曉得是否因為做了人情，彼此有了更進一步的交流互動，頂讓金按著三十萬的期望談下來了。原來這家餐館的背後是個大集團，除了經營餐館還有其他事業，因此頂讓金並非重點，反而對承接者的「認同感」、「安全感」與「舒適感」才是關鍵；而房東這邊，由於我們展現極大的誠意，不斷溝通交流，對方終於點頭，答應續約五年。

新竹「健人餐廚」就是這樣而來，三個朋友加上品牌創辦人一同合資頂下，我成了股東之一。原本是以幫助別人的心情做為出發點，沒想到竟獲致超乎預期的好結果。

這次二度創業，心情與之前大不同。很多時候，我們以為很牢靠的事情，偏偏出現意外，好比第一次創業，眼看著就要賺錢了，卻出現股東糾紛；而辛苦薄利的便當店，本來想著很難回本，業績卻出奇得好，一連開了幾家分店。我們結合親友團（鄰居親友、志工社團、學校團體等）和社群媒體宣傳之效，更在疫情期間結合ＬＩＮＥ服務點餐，便利性加上好的產品力，也培養出許多回頭客。

去年開始跨入電商平台後，至今仍是個繼續在燒錢的項目，所投入的金錢與時間成本遠比過去當安穩領高薪的上班族還高，更要承擔投資回收不了的風險。我帶著戰戰兢兢的心情，一路摸石子過河，片刻也不敢鬆懈，未來更希望可以帶著台灣好產品走向國際。

斜槓事業，重啟人生

每個人都有夢想，大家都渴望成功，但是在邁入目標的路途，難免跌倒、血流。我從「百億業務」到「創業失敗」，從「沒有收入」到「兩年還一千兩百萬房貸」，**每一次的挫折，就當是一項挑戰，吃苦當吃補，我選擇勇敢面對，因為不去面對，就什麼也不能改變。**

感謝所有發生在我身上的一切，沒有一件事是偶然的，所有的發生都是有意義的，這是我深切的體會與經驗。只要勇敢面對困境，接受生活中的挑戰，就一定會有辦法超越，當困難被克服之後，會發現自己成長很多。

想想看，如果沒有創業失敗，可能我現在還在為科技業爆肝工作，每天睡不到幾小時，和家人的相處時光所剩無幾。如今的我，跳脫了過去忙碌的生活，找回了家庭的親密關係，擁有自己的電商平台、便當餐飲業、經營 YouTube 和 Podcast……一步步實現心中想要的生活，多元斜槓的人生不僅讓我的生活豐富起來，也讓未來的路更寬闊。

闖出人生好業績的業務力思維

★承認錯誤需要勇氣，不承認就會愈陷愈深、愈走愈離譜。

★只要願意面對困難，就一定能超越，人生沒有一蹶不振的理由。

★任何事都像是迴力鏢，擲出去的必然回來，利他的力量就是如此，幫助別人就是幫助自己。

Part
2

什麼是業務力？

業務力絕不只限於銷售，
而是一種思維，一種人生超能力。
一旦擁有這十項利器，
到哪都能立足！

05 不只是推銷，原來這些都跟業務有關

業務人人能做，但不是每個人都能做好；門檻低，但流動率和淘汰率都很高。做為業務，每週必須提出業績報告，每個月都要看績效，是一個講求成果的工作，只有「業績很好」跟「業績不好」這兩種結果。如果一直沒有營業額，就會不斷被上級放大檢視，很多人受不了這種壓力，主動提離職的人所見不鮮。

在當業務的前三年，我也是過著不斷被檢視、被斥責、被質疑的日子，我還記得主管這樣罵我：「笨得跟豬一樣，再不行，就回家種田！」「厲害的業務，沒有產品也賣得出去！」

我很感謝主管，雖然把我罵得很難聽，卻始終沒有放棄我。這三年間，我不

斷嘗試新策略：打電話、拜訪客戶、參展、與廠商打好關係……不管如何被客戶拒絕、被老闆罵千百次「回家種田」，但我依然不放棄。

轉當業務之前，PM這份工作讓我熟悉了產品從無到有的過程，包括產品規格制定、測試客戶服務、確保新產品如期交貨……但若仔細深究，PM充其量只能說是「順水推舟」，是承接了業務的新案子，進行後續協助、監督、結案的收尾過程而已。而業務這個工作全然不是這麼一回事，業務最重要的任務是懂得「開疆闢土」。

穩扎穩打，光速成長

從賠錢貨變成頂級業務，從沒有訂單變成百億大單，我把公司不曾做過的機上盒賣到了全球最大的電信系統廠商，其終端客戶是美國電信，第一年出貨就讓我直升全公司的業績冠軍。

我就像竹子一樣，萌芽期很緩慢，埋在土裡四年只長三公分，因為要把根扎好；但到了第五年，基礎打好後，每天就以三十公分的速度狂飆。

無論是失敗或成功的經驗，都是我成長的養分，讓我摸索出一套清楚可執行的業務方程式。只要聰明運用，就可以幫自己把辛苦的努力兌換成漂亮的業績數字和獎金紅利，鍛鍊自己成為超級業務員！

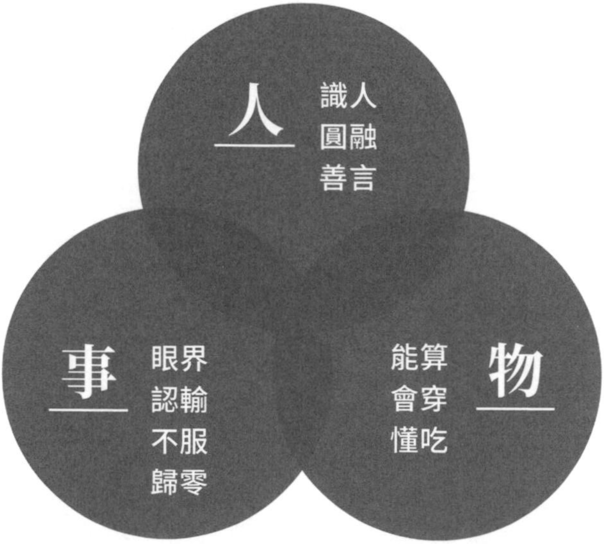

本書第二部總結了我二十多年來業務實戰的心血結晶，凝鍊成為「業務十力」。當人生風暴吹來，這些累積下來的實力就是絕佳的祕密武器。這裡面的每一力都歷經千錘百鍊、從一次次的可貴經驗中淬鍊而成，若能將之交錯應用在生活、工作、家庭、人際中，便能帶來人生好運。除了這業務十力，我認為下述四個特質也是讓我能夠闖過人生各種難關的關鍵因素。

一、聽出弦外之音，主動出擊

我成功拿下全球兩家最大電信系統廠商訂單，公司因此直接躍升成為電信客戶供應商，讓業界十分震驚。因為這個產品我們公司不曾做過，當初堅持向公司大膽提議要做機上盒，難道我能未卜先知？

其實這要回溯我的「追債」任務，當初被我追討的那家公司，是美國最大電信客戶的主要供應商，由於我認真又圓滑，不懈地追查，進而得以認識這家公司更多人，也因此贏得了新案子，由我們出貨 Wi-Fi 路由器、網卡、USB 等產品，而良好的出貨紀錄、產品品質和客戶服務，也幫公司建立起良好聲譽。

某次跟此客戶研發主管的通話中，得知他升官了，將負責機上盒與電信產品事業部門。一聽到這個好消息，我除了恭喜他升官，也想到可以藉此將公司的產品推廣給這家世界第一的電信大廠。看到這個不容錯失的好機會，我主動帶著我們的機上盒飛到美國，拿到客戶初步對公司技術與產品的認可，說服老闆專門成立一個專案研發小組，這才有後續的百億訂單。

二、設定目標，奮戰不懈

自從知道有機上盒的採購案後，我就趕緊蒐集情報，先找到交易關鍵人，然後得知競爭對手是誰。

機上盒雖已練功了兩年多，但尚未有正式量產出貨紀錄。我試著說服客戶產品即將要出貨，如果有新的RFQ，可以發給我們。客戶拒絕我們兩年，我還是持續與客戶聯繫，更新公司最新的產品與技術。

在這段期間，我也藉由這位客戶提出的問題，了解公司弱項：「你們的競爭同業在美國、中南美、歐洲都有生產線，你們在這些地方都沒有。在當地沒有生產線，關稅很高，我們如何放心跟你們合作？」

「你們公司這麼小，而競爭同業不僅規模大，很多電子零件都能夠自己生產製造，成本便宜很多。你們的量這麼小，成本一定比較貴，和你們合作的優勢在哪裡？」

「我們已跟這家公司合作幾年，他們有良好的信譽；而你們的電信產品才剛出貨，不知道未來品質有沒有問題，該如何確保產品品質不會出狀況？出貨給美國電信，產品出問題，不僅要承擔巨額賠款，未來也可能會沒有訂單……」

他的問題十分犀利，個個切中要點，選我們公司的機上盒風險的確較高。我必須想辦法解除他心中的擔憂，我告訴他，無線網路技術是我們公司的強項，當時我們是業界的領頭羊，而這也是其他代工廠的弱項。當收到此客戶的RFQ時，我們加入無線網路技術的選項，讓訂閱用戶無論在家裡哪個房間，都可以透過機上盒看到電信業者提供的影音內容。這項服務大大提升客戶的興趣，為公司成功拿到訂單；而我也透過這次經驗學到：做任何事情前都要先把馬步基本功扎好扎穩，持續努力，相信自己是在做對的事。

三、縝密思考，找出關鍵

當業務，邏輯要清楚，思考要縝密，尤其是要跟客戶檢視成本的時候，更是要打起十二分精神。以前我經常敗在報價這一關，怎樣報都不成，被拒絕次數多了，感到很洩氣。

有一天，我跟客戶說：「我都把所有成本都攤開給你看了，怎麼還可能比別人貴？」客戶說：「真的啊，妳報的就是比別人貴。」我說：「你確定嗎？不然你拿證據給我看。」拗不過我的請求，客戶秀了別家的報價單讓我瞄一眼，就在這短短幾秒，我盡可能地記下全部細節，那一瞬間我發現到天大的祕密，從前的疑惑全都豁然開朗。

原來，多達三、四百個零件的報價單，客戶只會針對那些超過〇．三美元的高單價殺價，不會注意到〇．三美元以下的零件，所以那些大的代工廠，都把獲利藏在價格比較低的被動零件裡，例如：一顆電容或電阻，可能只有〇．〇一美元，乘以不同倍數，來彌補容易被殺價的項目。難怪客戶跟我對成本的時候，我報的價總是比別家貴！

知道這個祕訣後，以後我的報價暢行無阻。我對每一個零組件價錢無比清楚，甚至會隨著零組件淡旺季調整報價的價格，也會記住每一個數字的來龍去脈及前後的關聯性，讓客戶滿意點頭。

我把這個祕訣分享給我的主管，原先他以為我的報價毫無邏輯，客戶竟然還買單，詳細了解後才開始理解我的做法。賣給客戶的價格可以讓公司有獲利，客戶拿到我們的報價覺得物超所值，這就是雙贏。

這個技巧也成為了我未來投資股票的基礎能力，我能對電子股如此熟悉，重點在於我這些年來與客戶討論產品規格，不斷重複地報價與檢視成本，讓我熟悉電子產業鏈上中下游的關係。

四、沒有貴人，就自己當自己的貴人

電信公司的採購案，過去分別是由台灣最大的代工廠生產，而我拿下全球兩大電信系統客戶，兩家加起來百來億元，公司也因為增加電信大戶，一舉躍升為網通一哥，營收獲利創新高。

我是怎麼辦到的？除了團隊努力不放棄的超級向心力之外，我必須說，自己那股愈挫愈勇的特質，就像打不死的蟑螂，失敗了也不氣餒，總會奮力爬起再繼續前進。

我還記得，當年在前線的我其實沒有把握會贏到訂單，但又必須告訴老闆與團隊會拿回訂單，面對前方與後方兩邊的壓力，每天都在不斷地自我催眠，抱持著置死地而後生的精神勇往直前。面對困難，只有自己堅強自己的意志後，才能產生巨大的影響力，感染身旁的人繼續再戰，努力拚搏下去。

我有永不停止的驚人決心，還有自我反省的能力。沒有貴人沒關係，我可以成為自己的貴人，不斷追求進步、要求自己愈變愈好。

闖出人生好業績的業務力思維

★聽出弦外之音，主動出擊才有機會開創新局。

★設定目標，遇到挫折也要持續奮戰不懈。

★縝密思考和對手的差異性，不斷創造出可被利用的價值，找出關鍵決勝點。

★貴人不是必備，自己也能成為自己的貴人。

06 眼界：從限制中，看到的都是機會

我記得 YouTube 有個影片很有名：一位法官審判一名犯人，沒想到犯人與法官是兒時玩伴，小時候還看不出有什麼差異，長大後卻天翻地覆。人與人的差距，是一點一滴在發生變化的。一個人的成長過程，或許會因為家庭、朋友、成績等不可控的因素發生轉變，但真正能改變你人生的是「思維」，時間愈久，差距愈明顯。

去年我參加了高中同學會，看到許多同學都當了媽媽，雖然不及林志玲的姿色，但都已屆林志玲的年紀。大家聚在一起閒聊過往，正在感嘆時光匆匆之際，突然有個同學轉過頭來對我說：「我記得以前妳並沒有很出色啊！怎麼現在差這

麼多！」一下子把我的記憶拉回高中：成績很差、沒錢參加班上活動、聯誼，團體出遊都看不到我報名……我就是大家口中所謂的「邊緣人」。

隨著那句話，其他同學紛紛描述對我的印象，好奇著我本來是班上倒數，程度為何能夠一下子大躍進，大學聯考成績跳到班上前三名？我一時語塞，只能靦腆地笑著：「因為沒有錢參加聯誼，也沒有談戀愛的機會，所以只好專注在考試呀……」

從限制與困難中，找尋機會

後來我仔細想想，原來，邊緣人也是一種幸運。**所有的「限制」、所謂的「困難」，其實都潛藏著機會，只要自己能夠轉念思考。**我從小便很會正向思考，很多人認為正向思考不過就是一帖安慰劑，是那種「自說自話、自我療癒」

的心靈雞湯，沒什麼實質效益；然而，正向思考其實幫助我認清現實，找到最適合我的機會。

例如高三時，父親說考不上就去當女工，這句話雖然讓我很受傷，但我用正向思考規劃出解決方案：先讓自己跳出受傷情緒↓認清現實↓開始行動（把頂樓的廢棄鐵皮屋整成書房）↓評估資源（數理都不好就專攻背書）↓徹底執行（四個月時間把社會科課本倒背如流）。

從小到大，我遇到的困難或受限制的機會太多了，我當然也會產生埋怨或不快，但在負面情緒平復後，我會趕快振作起來找尋突破點。如果你還在抱怨客戶難搞、工作太多、假期太短、薪水太少……卻沒有留時間給自己想出解決之道，請趕快停止，不要和大家做差不多的事，因為這樣下去，最後你只會得到差不多的人生。**人生看似隨機、浮浮沉沉，其實人生是一場賽局，如果能夠改變思維，就能應付變動的眼界與格局。**

用「賽局理論」找出最佳策略

剛做業務時，我不怕被貶低，只怕被革職。轉職為業務之後，醜小鴨划水三年，最終變身天鵝戴上皇冠，幾年後我讀到商學院著名的「賽局理論」（game theory），才發現自己早已運用這些思維，而且用得很熟練。

「奈許均衡」（Nash equilibrium）是賽局理論中很重要的概念，指的是在賽局當中，假設每個玩家都知道其他對手的策略，那就沒有人可以透過改變策略占得好處。

舉例來說，現在有兩家航空公司在競爭市場，兩家公司都想藉由打廣告來提高自身品牌力，以便增加業績，賺取更多利潤。如果雙方都不打廣告，雙方的利潤都可以維持一千萬元；如果其中一家打廣告，另一家沒有，那麼打廣告的公司利潤可提高至兩千萬，而沒登廣告的公司利潤則會下降至五百萬元；如果兩家公司都打廣告，營收反而不會增加，雙方還會為了支付高昂的廣告費導致利潤下降至八百萬元。

「奈許均衡」告訴我們：這兩家航空公司如果都很努力花錢打廣告，最後收益反而比什麼都不做還要低。如果要避免這個結果發生，只有心照不宣，採取有利於雙方的策略，才能雙贏。在「奈許均衡」的情況下，沒人擁有改變決策的動力，因為只要改變決策就會使自己的收益減少。這個理論的關鍵在於，能否信任或掌握對方情報而做出正確的判斷，能掌握便能在賽局中取得雙贏；反之則是兩敗俱傷。

二〇〇八年，公司的大客戶來台參訪，談判到了最後一輪，進入激烈的價格爭奪戰。記得我們一群人聚集在台北五星級飯店，晚餐從七點吃到半夜十二點，客戶最後還是不肯鬆口，說我們的價格比對手多了五%，若不降價，只能把訂單拱手相讓。氣氛一度十分緊張，對方的白人副總已經先離開座位了，一群人隔天一早就要搭飛機離台；而我們公司的老闆們也都已準備離席，當時我心裡頭只有一個念頭：「不能降價，不然公司會虧本。」

就在這緊急時刻，我趕緊冷靜分析了一下局勢：第一，我們的機上盒，是以創新設計散熱零件解決了過熱的問題；第二，我們的產品比競爭對手採用的材質成本低，競爭對手應該不可能價格壓得比我們還低。

競爭對手雖然過去與客戶連續成交三年，但是其產品機構件價格並不便宜，我判斷競爭對手價格不太可能比我們公司便宜。由此可歸納出結論：我們公司不用降價，應該是客戶想要再往下砍價才如此表態。

掌握到競爭對手的情況，我心裡已

	競爭對手 價格較貴	競爭對手 價格較便宜
我們公司價格 較貴	過去這家公司已 和競爭對手合作三年	不可能
我們公司價格 較便宜	不用降價	客戶說我們的價格 比對手多了 5%， 可能性很低

經做出了不降價的判斷，並且再度向客戶強調：

- 目前我們公司產品的品質跟競爭對手不相上下，甚至可能更好，唯一的弱勢就是我們過去沒有跟客戶合作過。客戶過去幾年都是跟競爭對手下單，競爭對手是間大公司，我們是小公司，跟我們下單可能會有點猶豫，但是請客戶放心，公司一定會努力達成客戶需求。
- 客戶可以明顯感受我們公司對這件事情的重視、用心與創新。我們一再進行調整，採用創新設計，降低產品成本。
- 這個創新設計會改變機上盒的未來，這個技術是我們公司的優勢，未來也還有降低成本和再降價的空間。

客戶聽到我這麼補充，終於點頭拍板定案，我們也拿到了客戶連續五年的百億訂單。

一心想著贏，結果一起輸

上述的案子，其實也可以用來說明「囚徒困境」（prisoner's dilemma）。一個經典案例可表現其精髓：警察抓到兩個銀行搶劫犯，卻苦無證據，於是隔離囚訊，並分別跟他們說：「如果你不認罪，另一人認罪，那麼認罪的人將無罪釋放，不認罪的人判刑三十年。」在這個案子中，搶劫犯都清楚，如果兩人皆不認罪，會因為證據不足最多判刑一年。但兩位嫌犯都害怕對方會認罪，所以寧願選擇認罪，結果各判刑十五年。

「囚徒困境」的啟示告訴我們：一心想著贏，結果反而可能會一起輸。如果他們都能把共同利益放在第一，就可以享受個人的最大利益；但結果常常是個人因為私利，而做出違反共同利益的選擇。

以機上盒的案子來看，當時客戶可能會有幾種選擇：第一種是「訂單全部給競爭對手」、第二種是「訂單全部給我們」、第三種是「訂單各一半」。如果我相信客戶的話而降價，可能拿到訂單卻沒有利潤，也可能沒有拿到訂單，三年努力付之一炬。降價與否是一種「囚徒困境」，不是我贏就是我輸，贏的一方歡欣雀躍，輸的一方辛酸流淚。

遊戲有輸有贏

兩個人玩猜拳遊戲，贏的加一分，輸的扣一分，平手各得零分，這樣兩個人的成績永遠為「零」，這就是所謂的「零和局面」（Zero-sum game）。

	甲出剪刀	甲出石頭	甲出布
乙出剪刀	平手 0	甲 +1，乙 -1	甲 -1，乙 +1
乙出石頭	甲 -1，乙 +1	平手 0	甲 +1，乙 -1
乙出布	甲 +1，乙 -1	甲 -1，乙 +1	平手 0

「零和局面」說明了遊戲有輸有贏，一方的贏代表著另一方的輸，所以總成績永遠是零。「零和局面」讓我們感受勝敗是一體兩面，勝者的光榮就是敗者的辛酸。其實商場應該是「非零和賽局」，因為買賣交易，必須考慮自己接受的比交付的更有價值才有可能成立。

還是以機上盒的案子來看，當時客戶可能會有幾種選擇：第一種是「訂單全部給競爭對手」、第二種是「訂單全部給我們」、第三種是「訂單各一半」。如果客戶把訂單全部給競爭對手，而我們公司沒有；或是訂單全部給我們，競爭對手沒有，這就造成了我們的「囚徒困境」，但是對客戶來說，加總起來是一種「零和局面」。

但是商場競爭應用上，「零和局面」會變成「非零和賽局」，甚至轉成「正和賽局」。怎麼說？由於機上盒的市場愈來愈大，我們公司在歐洲沒有設廠，出貨歐洲的關稅很高，以至於客戶把歐洲市場給競爭對手，讓我們公司只做美國市場。這樣一來，我們公司和競爭對手都有業績，不再是非你即我，成了一個互相聯盟、互利的「正和賽局」。

人生無處不賽局，我後來發現自己一直實際運用這些策略在職場和生活中，人性都是在維護自己的利益與權利最大化，所以如果無法競爭勝出，就必須互惠合作，共創雙贏。

闖出人生好業績的業務力思維

★真正的「正面思考」，是不受負面情緒影響，認清現實、盤點資源，重新找回人生控制權。

★人生無處不賽局，熟練「賽局理論」，不讓自己出局。

07 識人：眼觀四方，抓住關鍵人物

我記得第一次見到Super時，感覺特別親切，當下就覺得他與眾不同，將來肯定非同凡響。

當時Super是美國一家上市IC設計公司的PM，他來我們公司推廣新一代的Wi-Fi解決方案802.11g，讓傳輸速度從11Mbit/s躍升為54Mbit/s。他回美國後，我們因為業務關係接觸更加頻繁，一起辛苦完成了許多目標。當我業績愈做愈大時，Super已經由PM升職成為資深業務副總（SVP），基於過往的友好經驗（其實可以說是革命情感），我比別人有了先進優勢。

當我將公司的機上盒送過去給客戶測試時，對方嫌我們公司小，努力許久都沒有良好回應。幸好我有Super這位朋友，他與客戶的關係非常好，會跟客戶建議試試我們的產品。如此一來，我們公司雖小，但有美國ＩＣ設計大廠的幫忙推薦，對於我拓展業務上面有很大的幫助。只要客戶願意測試產品，我們就會有機會。

借力使力，打通任督二脈

認識Super是我職涯的幸運，記得第一次創業時，財務吃緊、資源不足，而在美國出差都是美元計價，成本開銷很大，根本不可能撥預算參加商展，所以我詢問Super，是否可以借用展場攤位，放置公司產品。靠著Super友情借出的展示空間、桌椅、茶水點心，我順利地和客戶接洽、參加展場邀請的活動，一點一滴建立人脈。

Super 認識我很久，知道我很認真工作，所以也很放心把我們推薦給他們的客戶。我們魚幫水、水幫魚，共同爭取彼此的最大利益。我們是製造商，用 Super 公司的ＩＣ技術製作產品，出貨給客戶。對我來說，ＩＣ設計公司更像是客戶，因為當我攻客戶搶訂單時，需要他們的技術支持與背書。所以我也用對待客戶的態度小心經營彼此的關係，每次去美國出差，都會順道去加州矽谷拜訪。

能夠拿到大單，一路要感謝的人事物太多，**除了策略正確起到關鍵的作用，更是因為我懂得識人，幫我排除了許多阻礙，牽出許多有用的人脈。**我是如何一眼看出 Super 是我的貴人呢？

對「人」與「環境」高度敏感

其實識人跟做業務一樣，並沒有什麼明確的科學方法，因為人和事都會隨著環境條件的不同而發生改變。不過，我很相信第一眼的直覺，聽說航空公司招考空少空姐都有「三十秒定生死」的潛規則，面試三十秒之內，如果應試者給主考官的感覺不好，大概就會落選。我十分認同這種說法，因為做前線工作的人，如果能讓陌生人第一眼覺得親切、有好感、感覺舒服，就比較能有機會與客戶談定後續的交易。

怎麼「看人」？從交談中的目光、視線、臉上表情、肢體動作等面向都可以判斷，尤其人看多了，就知道什麼樣的人合作起來感覺良好。基本上只要確認對方是否「善良、純正」，工作上的專業能力可以後天訓練。

除了要有識人術，對環境也要有高度敏感。我是小公司業務，資源不夠、開發客戶特別辛苦，不像大公司業績可能是由上層丟下來，我的業績經常是從基層接觸、由下而上積極爭取。

這種「陌生開發」特別困難，得從打電話開始，如果電話中便聊到死路，就不可能約見面。我必須在看不到對方的狀況下，光憑聲音、口氣就掌握對方性格，找出有興趣的話題，一旦找到可以下決策的人，就趕緊約見面拜訪。但能夠下決策的人通常都是主管級職員，每天要處理的事多如牛毛，能給的會議時間有限；若是需要出國，成本又得往上加，更要精打細算，善用分秒。

所以我一定會盡可能為自己多爭取一些時間。有個客戶初次見面時，我就知道他離婚且再娶，令他十分詫異，以為我會看相、算命。這類東方玄妙讓他很感興趣，那次見面聊了許久，為我爭取了很多時間好好把產品介紹出去。其實我不會算命，但我一進他辦公室就看到他家人的合照，太太非常年輕，小孩卻已成年，故判斷他應該是再婚。

有些客戶的辦公室內會放足球、吉他或是心愛的東西，這些都是能引起對方興趣的話題。透過這次經驗，我去學了看手相與面相，後來也成為與客戶見面時十分好用的敲門磚。

從「變動」中掌握「生機」

短短的電話會談中，要讓客戶對公司的產品有所認識、感受到我們的用心與專業，前提是得找到所謂的「key man」，否則就是白白浪費時間。

前面提過我的第一位客戶，剛接觸時一年大約兩、三百萬的業績。這家公司後來有些人事變動，我必須判斷與我聯絡的窗口，會留下還是離開？所以我常會打電話跟他聊天，以便掌握狀況，並從談話中抽絲剝繭，判斷窗口的重要性有多少？在公司能發揮多少影響力？這家公司的採購後來調往英國，帶給我六、七張重要訂單，從每年只有兩、三百萬跳升到一年兩千萬的業績。

一通電話就找出能下決策的人，過程其實是非常講究的。事前需要做好準備，如果有朋友引薦最好，平時社團人脈也相對重要，名片歸納整理也可以看出彼此關係，進一步找到相關的人。另外，很多公司的網頁會載明部門負責人與聯絡方式，從工商名錄、商業類雜誌、財經報紙也可以找出關鍵決策者。

先用 Email 介紹自己與公司，點名公司優勢，協調好何時致電。講電話時一定要注意電話禮儀，語帶微笑口氣溫柔，常用：「請」、「謝謝」、「麻煩了」這些禮貌字眼，不僅會讓人感到友善，也較容易讓對方卸下心防。講電話前千萬不要讓對方覺得自己一無所知，至少要了解客戶公司的營業項目是什麼？自己有哪些競爭對手？推測客戶可能會有怎樣的需求？可以為客戶解決什麼樣的問題？

講電話，還有一個重要的祕訣，就是要讓客戶感受到你的喜悅情緒，好像你就在他的面前與他對話。所以我都是開心且面帶微笑地跟客戶講電話，希望客戶跟我講完電話後，也會有好心情。

如果真不知道從何開始，從總機打通關也不失是一個好辦法。千萬別小看總機，他們是掌握公司內部組織的第一手情報員，如果能夠通過第一線的考驗，就可以往前跨一大步。但不管怎麼樣，打電話前我都會先做好被拒絕的準備，用這樣的心情去面對客戶，講話就更有自信，也不怕吃閉門羹！

闖出人生好業績的業務力思維

★做業務一定要有人緣，不是譁眾取寵、討好諂媚，而是一種自然而然別人不會排斥、抗拒的親切感，本身具備了這樣的條件之後，再去加強專業領域上的工作能力，就能較快上手。

★善良、純正等道德操守，是認識一個人的基礎。

★避免做白工，就得對人和環境高度敏感，掌握變動中的關鍵決策者。

08 圓融：入境隨俗，敵人也能變貴人

我能夠轉做業務，其實是遇到如伯樂卻又很折磨我的長官，這個人不是大家想像中和藹可親、親切待人的風格，相反地，他是有名的「鐵血悍將」，說話尖酸刻薄、做事雷厲風行、對人毫不客氣。我當時隸屬於另外一個部門，與他所領導的部門辦公室不同區，他常下班後來我們這區繞繞，發現我們部門的同事都下班了，只剩下我還在工作，久而久之便對我留下好印象。

他在職場上很會做事，但不一定會做人，他的鐵血管理常常留不住人，很多人都因為受不了他而離職，但我好不容易有做業務這個機會，心甘情願地拚搏賣命、衝鋒陷陣。

感謝主管的知遇之恩，當別人指指點點時，我總是為他美言：從張忠謀到郭台銘，哪一個管理不霸氣？他培養了我在職場上不畏艱難、勇於面對問題的精神，也讓我日後起了創業的念頭。

首次創業，我投入過去幾年辛苦積攢的三百萬成為公司小股東，主要負責業務開發，一個人飛美國到處拜訪客戶，過著更加辛苦、拚命且節省的日子。當我隻身在美國日以繼夜地工作時，卻意外爆發股東糾紛、公司破局，隨著我忍痛退出公司，當時已談成的美國十億訂單也隨之幻滅。我從沒想過商場會驚險如此：有包裝世故的友善、有裹著糖衣的禍心，第一次創業讓我這隻小白兔誤闖叢林廝殺遊戲，學到了慘痛的教訓。

從小母親就教我真誠對人、童叟無欺，做人做事要內心坦蕩。創業失敗讓我十分沮喪，但我不願意就此對人失去信心。我依舊秉持善心待人，在想幫助朋友的念頭下意外開啟了二度創業的契機，與朋友合資頂下一間便當店面，朋友也邀請品牌創辦人一起加入，就這樣開始了這場美麗的意外，更獲致不錯的好成績，一年連開三家。

而便當店之所以成功，背後同時也有其他貴人的相助。當時，女兒學校發起募款，希望讓每間教室都有冷氣，幫助學生在酷暑的季節不煩躁、能夠安心念書。整個募款經費需要五百萬，我那時股票獲利不錯，將兩個女兒班級募款不足的餘款補齊了。還有一次，得知雲林一家毛巾工廠即將倒閉，由於母親節將近，我心生一計：將毛巾摺成一朵朵美麗的康乃馨，以家長會長名義讓學生送給母親，主要是想幫助工廠老闆有筆現金好周轉，這件事讓很多媽媽都很開心。家長會長更因此認識了我，成為互相支持的朋友。

後來我才知道，家長會長、會長的友人與社團人脈，一直都有訂我們家的便當，在背後默默支持。

所以萬物是有著往復因果循環的，很多事不要單看表面或以利益出發，不管是處世為人還是人際交往，都要講求圓融，這樣不僅能使自己，也能讓他人心中圓滿而凡事順暢。

不輕易樹敵，入境隨俗學做人

我很鼓勵年輕人初入職場，第一份工作是做業務。做業務不光是賺錢而已，在光鮮亮麗的表象背後，考驗著你願意付出多少代價。從被拒絕到把產品賣出去，光是這個過程就可以學到很多東西。業務是很好的試煉場，因為裡頭太多利益衝突，可以更快學會如何掌握人性。

可能本來一起加班、一起吃飯，以為交情很好的同事，在你拿到業績之後捅你一刀。我就曾經遇到這樣的情形：有一次拿到大訂單後與研發團隊分享獎金，這件事就被一狀告到老闆那裡。在利益面前，你的朋友常常不是你的朋友。但我永遠不會隨便和人撕破臉，因為真的不知道什麼時候會需要對方。職場有個莫非定律：你不必和誰都當朋友，但千萬不要輕易樹敵。在職場上，未必自己處理事情的角度一定對、別人的角度一定錯，必須站在公司的立場客觀看事情，互相尊重、互助互愛才重要。

業務做的是工作，其實時時都在學做人。如果在別人的地盤，我一定會入境隨俗，例如我到法國出差，至少會學幾句簡單的法文問候語，這樣更能拉近距離，去餐廳吃飯還常常會得到特別的人情味服務。

入境隨俗不僅是一種選擇，更是對當地文化的尊重。我記得法國家樂福買下大潤發時，法國的營運長來台灣，第一件事就是取個台味濃厚的中文名字、說華語、落實本土形象。

第一次創業時，我在美國爭取與雲端智慧相機有關的案子，客戶是猶太人，自成一個很團結且特殊的商業圈子，他們提拔照顧自己人，團隊成員彼此忠心耿耿。猶太人在飲食上有很多戒律：只吃清真食物、絕不吃豬肉、食物不能帶血……那段期間客戶對我很好，招待好吃的清真食物與百事可樂（因為百事可樂有通過清真驗證），我也學習到猶太生活與宗教習慣。每天與客戶相處，信任感不斷加深，最終爭取到十億訂單，對方還先預付了我們提出的研發經費（Non-Recurring Engineering, NRE），甚至想投資我們公司，只可惜這張訂單因為公司股東理念不合而告吹。

練習謙卑，完善不足

想做好業務，需要先練習謙卑。「滿招損，謙受益」這是亙古不變的法則，也是為人處世應該遵守的態度，待人接物時如果能把自己放在一個比較低的位置，別人會覺得受到尊重，比較願意多付出、多提點，久而久之自己也會發現，對方的指正剛好能完善自身的不足，是幫助自我成長的絕佳助力。

所以做業務不能只想著錢，要有「放下身段」、「不怕陌生」、又能「溫暖關懷」的胸懷，細心做好每個細節，比方說，客戶來台灣時，我一定會安排台灣料理，讓對方品嘗在地風味，但也要顧及他們有可能水土不服的疑慮，穿插對方習慣的餐飲。客戶要離開台灣時，我還會準備伴手禮，讓他們回去對同事、妻小有所交代。我最常送的是阿里山、日月潭的茶葉，茶葉輕巧好攜帶，又具有文化特色，客戶都十分喜愛。

當然，業務最好要有T型能力，橫向擴展、直向扎根，愈能延伸機會愈多，但最重要的還是謙卑處世，懂得站在低處，不但學得更多，還能跳得更高。

闖出人生好業績的業務力思維

★ 四十五度謙卑做人，就能三百六十度處事圓滿。

★ 寧做墊高別人的基石，不做讓人跌跤的絆腳石。

09 善言：不曲意逢迎，力求有效溝通

做業務是不是真的要口才很好？不一定。這世界不缺大放厥詞、誇誇其談的人，缺的是願意耐心傾聽、真誠表達想法的人。

所謂的口才好，絕對不是油腔滑調、見鬼說鬼話，而是會說也會聽，進而達到有效溝通。

我其實是個不擅言詞的人，但是有兩句話至今銘刻我心，都讓我在日後的溝通上更勇於突破。

厲害的業務，沒有產品也能賣出去

我還是菜鳥業務時，公司小、客戶不多，研發部資源有限，在這種業績低迷的情形下，只有大單敲進，才能對公司有更多正面的幫助。

由於那時公司還沒開始做電信等級產品，實在很難開發電信客戶。我向主管抱怨，他卻對著我說：「厲害的業務，沒有產品也能賣出去！」

這句話太令我震驚了，沒有產品也要賣出去，這是多麼艱難的任務。但這句話也彷彿打開了我的眼界，後來五百億的電信客戶訂單，就是從「沒有產品」開始，一步步說動客戶，在溝通中建立起互相信賴的合作關係。

可能大家都聽過「非洲賣鞋」的故事：老闆要去非洲賣鞋，業務甲說：「怎麼可能？非洲人都打赤腳，鞋子怎麼可能賣得出去？」業務乙說：「太好了，非洲人都沒有穿鞋子，有好大的市場！」這個故事讓我感觸良多，是啊，沒有市場，那就去開拓市場吧！在 iPhone 推出以前，諾基亞（Nokia）占據全球五成以上的手機市場，但賈伯斯看見了別人都沒發現的商機，開發出全新的產品，也用他深具感染力的產品發表簡報擄獲大眾的心，讓我們看見手機更多的可能性，成功讓蘋果這個品牌揚名全世界。

如何創造需求，幫公司拿到訂單？第一步便是要知道客戶有哪些需求。要了解客戶的想法，自然需要溝通，業務就像一座橋梁，要搭起公司與客戶的供應需求關係，維持長久的利益。

如何做到「有效溝通」？我將之解構如下頁圖表，幫助讀者找出有效模式。業務需要與客戶建立起堅實的信賴關係，這份信賴感需要經過時間與持續互動，不斷累積堆疊而成。

業務要有竹子的韌度與彈性、要有棉花的柔細與舒適，得隨時調整做法，盡力讓雙方都能滿意。這種溝通方式不僅能夠運用在工作，也適用於家人朋友和生活之中。

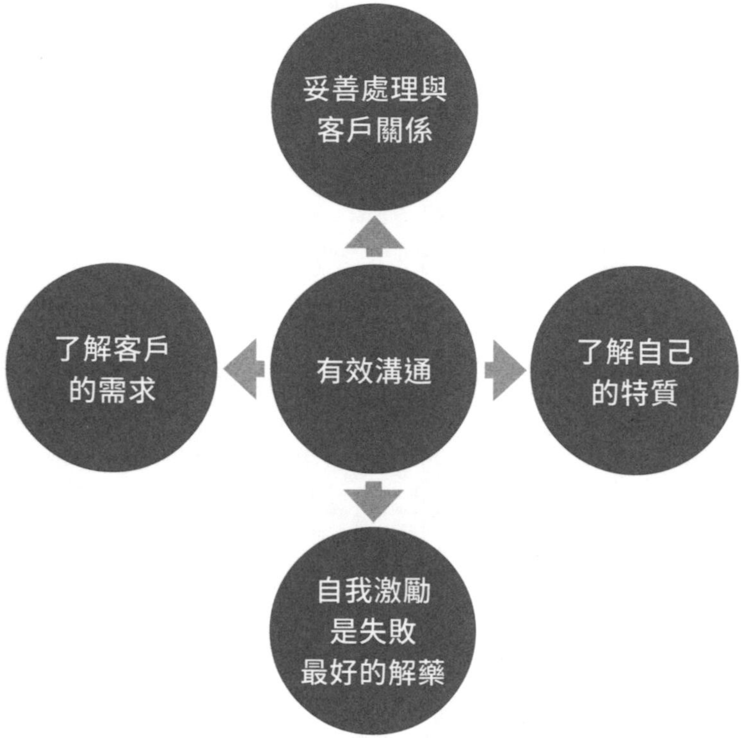

怎麼這麼笨，回家種田算了！

第二句話影響我很深的話，是在我當PM的時候聽到的。那時主管要我負責美國最大客戶的案子，要在時限內將樣品寄出。我為了完成任務，一刻也不敢鬆懈地認真監督整個製作生產流程，幾乎每天只睡個兩個小時，便又回到辦公室查看進度。沒想到，寄出後卻收到美國業務經理大罵我寄錯樣品，可能因此丟掉大單，更讓主管對我咆哮：「妳這麼笨，回家種田算了！」

這句話如五雷轟頂般，心中覺得十足委屈：我這麼盡心盡力工作，就算沒有功勞也有苦勞吧，怎能把話說得這麼難聽？但情緒風暴過後，我冷靜下來思考，與其糾結在負面的想法裡，不如努力精進自己的能力，把事情做對做好，用盡一切辦法全力以赴，才是最重要的。

用著這樣正向積極的思維，我比以往更賣力地尋找訂單，挖掘更多的可能性。當時公司沒有預算參展，但消費電子展（Consumer Electronics Show, CES）是美國最大的國際性電子科技貿易展覽會，有來自世界各地的廠商，爭相曝光自家最新產品、最先進的技術，我可以在展場中找到商機、建立人脈、挖掘客戶。我告訴自己一定要找到客戶，所以儘管公司沒有編到預算參展，也因個人的疏失，忘記用網路申請金額相差十倍的早鳥門票，我還是自掏腰包買票去看展，那時門票一張要價兩百美元，對我來說是筆不小的負擔。

鄉下的孩子比較純樸，吃苦、耐勞、早當家，我也是如此，把公司當自己的家庭一樣認真經營，把客戶當做愛人一樣細心呵護，內心十分迫切想拿到訂單。我記得看展時，漢威聯合（Honeywell）推出智慧型家電，包括：廚房用品、清潔設備或嬰兒遠端監控等產品，我在展場上抓住機會和對方相談甚歡，也進一步約訪，了解彼此合作的可能性。

與客戶建立良好關係的五大步驟

若希望想要成為頂尖業務，下面五個步驟是重要的敲門磚：

❶ 專注傾聽

和客戶講話的時候要專注聆聽，身體面向客戶微微前傾，讓對方感覺到自己是要幫他解決問題，而不只是來賣東西。這種信賴感很重要。通常我會坐在椅子前緣，身體傾向客戶這邊，這會讓客戶覺得我正在專注聽他說話，讓對方感受到尊重。

❷不插話

不要打斷客戶講話、不要自作聰明地接話，也不要急著表述自己的意見。謙虛應對、誠實以對，不懂絕不裝懂，讓客戶知道你會積極了解問題，向公司討論並提出解決方案。

❸謙遜提問

跟客戶溝通的目的是在幫助客戶解決或改善某些問題，需要先了解客戶真正的問題與需求。對方不一定會直接告訴你內心的真實想法，所以有時必須透過提問，從對方的口中探聽更多的資訊，並且進一步去了解背後的動機。提問前先仔細聆聽客戶的話，其中通常蘊藏著可以贏到訂單的關鍵因素，有不清楚的地方謙遜提問，提問時不帶預設立場，要在好奇和尊重之間取得平衡，考慮當時的情境和雙方的關係，從幫助對方的立場出發。提問中，可以推敲出競爭對手的狀況，他們的產品遇到什麼問題，以及報價等方面的細節。

❹感謝挑三揀四

客戶如果對你的產品挑三揀四，通常表示還有機會、還有希望，不要急著對客戶的觀點下判斷或辯駁，要是客戶不要你的東西，通常會表現得很有禮貌。如果客戶拒絕，我會先確認：客戶是討厭我才拒絕我，還是因為我的產品無法達到客戶需求？然後針對問題點一一改善。

❺創造利基

客戶拒絕了，也不要放棄，一時的拒絕不代表未來永久的拒絕。比如：我在開發電信客戶的頭兩年都是被拒絕的。雖然客戶拒絕了我，但沒關係，只要客戶不是討厭我這個人就好。一有機會我還是會向客戶更新公司的最新狀況，讓對方知道：公司的技術不斷進步，有哪些新的合作廠商、新資源新設備，以及未來有哪些新產品規劃……不斷地累積客戶對公司的信任，自然會為他們畫出一個希望藍圖：跟我們合作將有更多的資源與技術支援，能夠創造更美好的未來！

以上要點也可以活用在生活當中的任何場域，期望達到有效溝通、建立良好互動的人都不妨一試。

闖出人生好業績的業務力思維

★業務不是口才好，而是情商高，隨時替客戶著想，可以瞬間拉近彼此距離。

★好話人人會說，只有敢說真話的人，才是真正為你著想的人。真話如同腳前的燈，照亮自己一生！

10 認輸：承認自己的失敗，能屈能伸

就讀EMBA時，老師說新創公司在五年內的存活率只有一％。比起成功，創業失敗的例子顯然更多，我顯然也不在那一％之內。抱著實現自我、賺大錢、脫離打工仔的理想，我與兩位夥伴成立新創公司，沒想到不到三年，公司就以失敗收場。

我怎麼看待創業失敗這件事？其實我早已習慣「輸」。從小我就不出色，常常被笑、成績最後一名、當同學面前被賞巴掌、被老師丟板擦吃粉筆灰……一路丟臉到大，我已經不介意失敗。

慶幸的是，這些環境並沒有抹煞掉我求勝的決心，反而練就我一身解決問題

的本領。我很會另闢蹊徑，比如：國小五年級，因為破爛腳踏車被同學笑，賣力在暑假打工後，我騎著全新的腳踏車在同學面前亮相；別人笑我長得醜，我消化情緒後還能平心靜氣告訴同學，母親說這是有特色；大家都認定我考不上大學，我就奮起直追登上紅榜；別人覺得我要出國留學很難，我最終還是成功跨海拿了碩士回台……不管別人怎麼醜化我、邊緣化我，我總能有辦法找出解決方案，自己照顧好自己。

人生總在計畫之外

大多數人創業失敗都是卡在資金運作問題，但我們卻是因為股東糾紛。怎麼會這樣呢？合夥創業之前不就已經凝聚好共識了嗎？理論上是如此，現實中事情總有意外，就像我的出國念書計畫，明明已經規劃好了學費，不料最後一學期押在順大裕的股票，一路崩盤下市，股票變壁紙，學費也泡湯，我只能四處打工、到處借錢才順利完成學業。

很多時候，想像和現實狀況有著極大的落差，出國念書是這樣，創業也是。但英文有句話說：「I have nothing to lose.」我沒有什麼好失去的，既然如此，那就勇敢去嘗試，畢竟結果不會比現在更糟。

人生總是有起有落，不要把失敗當成是什麼了不起的東西一直耿耿於懷。從小到大，我不知道有多少落寞的時候，面對困局，我會想辦法解決。

只要願意努力，天助自助者。國小三年級考最後一名，老師請媽媽到學校，當著媽媽面前教訓我，母親賞我一巴掌回家還罰跪，我哭著跟老天爺喊：我以後要認真念書當班長。下一次月考，我考了第二名，老師為了獎勵我，真的讓我當了班長！踩到地雷股，趕緊先在英國漢堡王打工，領薪還吃員工餐，餐費解決了，但學費、房租沒著落，內心祈願老天幫忙，後來真的跟朋友借到錢——這個借我錢的人，後來還成為我的老公。《牧羊少年奇幻之旅》（*O Alquimista*）書中有一句話很打動我：「當你真心渴望某樣東西時，整個宇宙都會聯合起來幫助你完成。」

憑藉意志力，勇渡逆流

創業初期，我一人在美國，為了訂單度過無數孤獨的漫漫長夜，壓力大到不知如何往前走，卻又必須硬著頭皮迎向難關。有一次，拜訪美國中部的一位客戶，他是白手起家，小時候在台灣長大，後來去美國闖天下，成績斐然。我走進他的辦公室，映入眼簾的是掛在牆上的一幅畫，是一位三號騎馬師坐在沒有馬背的草馬，正要渡河。

我一看到這幅畫，眼眶泛紅，心中充滿悸動與感動，這好像是上天為我準備的禮物，讓我來這裡看到它，畫中的三號騎馬師彷彿在為我加油。明知懸空、明知無馬、明知可能掉到河裡，仍然要過河，朝前方去。那位老闆告訴我，他年輕時遇到許多困難，但是憑著意志力，就像這位三號騎馬師一樣，騎在想像出來的馬背上，無論如何都要繼續前行。

我用手機拍下了那幅畫，將之放大，掛在家中一進門的走道盡頭，一回來就看得到它。每每當我不順心、事情不如意的時候，我就會站在這幅畫前思考許久，這幅畫讓我回到當時的心境，我會跟三號騎馬師一樣，帶著一顆堅毅的心，不管遇到任何困難，都會勇往向前。

闖出人生好業績的業務力思維

★敢認輸是一種勇氣，能堅持到底才能成就更好的自己。

★逃避，無法解決任何問題。只有解決問題，才能擺脫困境。

11 不服：小歸小，但不服小

我小時候很喜歡一則寓言故事〈獅子與老鼠〉，當EQ老師時，EQ課本裡也有收錄進去。故事在說：一隻小老鼠不小心從睡著的獅子臉上跑過，被獅子抓住了，小老鼠求饒：「請不要吃掉我，我願意為你做任何事！」獅子嘲笑：「你那麼小，能幫我做什麼？吃掉你都還不夠塞牙縫！」禁不住小老鼠的要求，獅子放走了牠，結果這個決定改變了獅子的命運。有一天獅子掉進獵人陷阱，被困住動彈不得，忽然聽見一個奇怪的聲音，原來是隻小老鼠正在咬斷繩索，救了獅子一命。

這個故事教我們每個生命都有獨特的價值，不因體型、種族等因素而有尊卑之分，千萬不要輕看自己。只要認識自我的價值，發揮擅長的優點，一定能在這個世界找到自己獨特的位子。當你認真做好一件事情時，身上所散發出來的光芒和熱，會讓貴人想要靠近，願意拉你一把，很多善緣都是如此累積起來的。

潮流會改變，價值永流傳

再說一個小故事。老師手中拿著一張千元大鈔，問學生：「要的舉手。」全班都舉手了。老師把鈔票揉成一團，又問：「這樣還有誰要？」還是全班舉手。老師再把鈔票丟在地上並用腳去踩踏：「誰還要？」全班依舊舉手。老師拿起鈔票對同學說：「這就是價值。」

只要你是有價值的，別人就不會輕看你；只要你的價值還在，別人自然就會想要接近你。世界隨時在改變，小時候我們流行的漂亮是：細眉、櫻桃嘴、烏黑長髮，我總是被同學笑粗眉、厚脣、扁鼻子，但誰知道潮流何時改變呢？現在我身邊的朋友還想去豐脣呢。**誰也說不準未來會變成怎樣，但只要你持續吸收學習、培養備足技能，一點一滴累積自身價值，世界再怎麼動盪也撼動不了你。**

有回國外客戶來的時候，我被安排做接待，幫忙倒茶水。因為公司太多人要參加，位階小的我，排不上會議桌，我需要從外面拖一張椅子進來，坐在旁邊的角落裡，做會議紀錄。但即便是這樣一個小小的工作，我都認真想要做好。

倒茶水有個祕訣，不能太早，也不能太晚，當客戶一坐上會議桌，我就備好托盤，端上溫熱茶水，七分滿剛剛好。奉茶時，彎下腰，跟客戶介紹這是什麼茶、有什麼特色風味……原本嚴肅的會議室，因茶香瞬間讓客人放鬆，使得整場的氣氛非常好。會後，客戶、老闆都要找我一起去用餐呢！

我就像故事中的小老鼠，小歸小，卻可以幫上忙，即使知道自己是 nobody，也要努力變成 somebody。

肯學習，肯努力，肯吃苦

我初轉業務，申請去美國出差時，有人跟老闆說：「Daphne 沒有訂單、沒有客戶，還需要到國外出差嗎？」別人認為我沒有能力，但我肯學習、肯努力、肯吃苦，更有無比耐心。

熟悉業務後，我可以快速掌握賽局整體樣貌，知道如何布局、清楚掌握局裡有哪些人？誰是敵誰是友？誰可拉攏誰該避開？誰握有好牌或只是虛張聲勢？美國客戶總是嫌我們公司規模太小，但最後他也下單給我們至少四、五十億，後來更是帶進百億大單。

創業時，我也不會因為公司剛起步而不敢有大目標。那時公司想進入雲端智慧相機市場，我大膽地打了電話，約好見面後就直飛美國開拓業務，從不認識到熟悉，到對方願意下一筆約合台幣十億的相機訂單，甚至提出願意投資我們，協助開發品牌的雲端系統。

我漸漸明白，所有的嘲笑都是教我看懂自己：當我被逼到死胡同、當我痛苦的指數愈高，我的內心愈強大、戰鬥力也隨之提升。

闖出人生好業績的業務力思維

★吃苦當吃補，學到最多的是自己。

★不畏坎坷、不怕風雨，沒有傲氣，胸懷志氣，這樣才會活得有骨氣。

★不服氣不是輸不起，而是向自己下戰帖，要讓自己爭氣。

12 懂吃：見面三分情，吃飯六分情

業務要做的只有兩件事：成交與客戶準時付款。**在成交之前，首先要「把腦袋的想法放進別人腦袋」，之後才有可能「把別人的錢拿進來」**。這似乎是世界上最難的兩件事，但我相信皇天不負苦心人，會給有心人機會，我總是告訴自己：I can do it.

一分努力一分收穫，有心就不怕風狂雨又大，有心就毋驚天旱日頭曬。一開始美國大公司客戶是不理我的，但當我得知他們要來台灣，我就到機場接機。客戶要見的人並不是我，而且飯店也有專人接機，但我還是會盡可能把握所有見面的機會，連送機也不放過，讓客戶看到親切的我與帶給他們的伴手禮：鳳梨酥、阿里山日月潭茶，他們下飛機後便有禮物可以送給家人，再冷的客戶也會被我成功破冰。

不僅僅是機場，光是走到電梯前的一段路，也許是一起搭電梯的幾分鐘時間，也必須要妥善運用，抓準機會進行電梯簡報（elevator pitch）。面對未來的潛在客戶，我得立刻在三十秒到兩分鐘內把自己或公司介紹出去，如果成功的話，說不定這三十秒就可以改變全局。沒有電腦、沒有投影機、只能靠一張嘴，我會在開車途中反覆練習，這樣準備：

- 先親切打招呼，讓對方知道「我是誰、在做什麼」。
- 讓對方知道我們「有客戶需要的東西」。
- 讓對方知道我們「能解決客戶遇到的問題」。

由於時間有限，我只能把握「簡短」、「切中要點」、「精采」三個特質，把內心醞釀很久的想法，濃縮成精華，重點式地拋出去，讓對方能快速接收到。簡報途中最重要的是察言觀色，可能對方因為時差影響，頭腦還沒開機，或正在思考什麼重要的事不想被打斷，如果察覺任何狀況，要趕快自我調整，假設對方根本沒在聽、不想聽、沒興趣……立刻打住，跟客戶見過面就好了，留給客人一個好印象比什麼都重要。

面對這種緊張時刻，我只能說熟能生巧，勤加練習。不管在什麼情況下，都要有自信，用友善與熱情展現誠意。被拒絕是家常便飯，但見面三分情，久了也能催化出友誼。

吃出前途

客戶來台灣通常停留不超過五天，他們不像台灣人習於長時間工作，全年無休。扣掉前後搭飛機的時間，頂多只有三天，這三天的行程他們怎麼安排？有沒有機會到我們公司拜訪？有沒有機會請客人吃飯？

從送機建立起感情，客戶下一趟出差便會主動先知會我，願意來參觀公司，一起開會或碰面吃頓飯。

剛開始，因為我們很小，客戶不太認識我們，雖然不知道客戶詳細行程，但客戶的下屬偶爾會「不經意」地透露給我（我一向都對基層人員很友善），而且因為客戶在台灣感受到了我的熱心真誠，縱使這次沒有排我們公司在行程表上，但下次通常就會有。

客戶停留台灣時如果願意拜訪，可能就會有商機；如果願意一起用餐，就可能有合作機會。用餐又分為午餐或晚餐，如果是晚餐，就更有贏面。若是客戶來台灣的行程都交由我們公司來安排，那就可能會有訂單。我手上有幾個客戶，都是從不認識我到放心把台灣行程交給我，合作默契愈來愈好，下單量也與日俱增，幫助公司業務蒸蒸日上。

幫客戶安排行程的時候，我通常是這樣：上午開會，下午繼續討論議題，開完會後若有多出來的時間，便安排觀光台灣景點或是ＳＰＡ，接著進行晚餐。

晚餐會挑選客戶喜歡的餐點，放鬆聊聊各類的話題。選酒我通常會交給客人，服務生會請客人試酒，客人點頭就是喜歡，他們也會告訴我為什麼這類食物要配這瓶酒，拉近彼此的關係。

大客戶在下訂單簽合約之前會有好多關，首先要看客戶是否有給ＲＦＱ，針對產品規格及承攬的廠商進行資格審查。客戶給了ＲＦＱ，意味著你可以來競標。從競標到得標，中間關卡重重，而真正的決勝點往往在餐桌上。

我記得美國電信系統廠商率團來台灣選擇合作夥伴時，我們公司被排在最後一輪的最後一頓晚餐，客戶是隔天早上的飛機，這意味著：當晚沒有談成就是沒有機會了。百億簽約訂單，這已經不是辦公桌、會議桌上就能搞定的事，要到餐桌上才能解決，而從會議延伸而來的飯局，是成局與否的關鍵戰場。

那天，我們吃了將近六個小時，我一看時鐘，已經接近晚上十二點，雙方還遲遲無法達成共識。我們藉吃飯和客戶搏感情要拿到大訂單，客戶跟我們吃飯搏感情要拿到好價錢，雙方僵持不下。跨夜了，這時，砍價的白人副總已經先拎著行李箱走要走出包廂，餐桌上只剩下來自不同國家膚色的高階主管和我，大家紛紛起身有了動作，準備收拾行李，我挺著八個月大的肚子不知所措，眼看這個局就要談不下去了，離座前我站在對方總經理面前，淚水在眼眶裡打轉，他似乎意會到了什麼。

是肚裡的小孩踢出了成交的臨門一腳嗎？也許更是之前積累下來的人情使然，那晚，我們拿到了五百億訂單。

闖出人生好業績的業務力思維

★ 把聚餐當成聚寶，經營餐桌人脈學。

★ 邊吃邊聊，就像一種挖寶，可以找出許多日後與對方互動的線索。

13 會穿：準備戰袍，穿上自信，也穿出專業

大學畢業因為想進當時最大的電子公司，我花了一個月的工資，買了套水藍色服裝，我想既然「學歷」不出采，至少也得「美力」出色。很幸運地，我被錄取了，從此水藍色套裝就成了我的戰袍。

日月潭驚險一遊

有一次老闆要我開車載美國客人到日月潭一遊，我內心很不安：「雖然有駕

照，但從來沒真正上過路啊！」老闆看我遲疑，懷疑地看著我：「可以嗎？妳面試的資料上寫妳有駕照？」我趕緊點頭：「沒問題。」

業務就是要勇於嘗試、接受挑戰，也不能讓老闆以為我在說謊。我先跟公司借車，利用週末一個人開到日月潭去熟悉地形，當時沒有Google Map，就這樣來回幾次邊練車、邊記路。

週一為了安撫緊張情緒，我再度披上水藍戰袍。一到公司，看到了老闆和四位美國人，其中一位會跟老闆繼續開會，其他三位都要上車觀光，包括一位女士、兩位壯漢。上車後，我本想慢慢行駛到老闆和客戶面前優雅揮手示意即將離開，卻一不小心把煞車踩成油門，連招呼都沒打成就突兀地往前衝了，客戶似乎也嚇到：「Daphne, are you sure you can drive? We are very nervous!」（妳確定會開車嗎？我們好緊張啊！）

雖然發生如此插曲，我們最終還是順利向日月潭出發。

通往日月潭是山路，有些彎路很驚險，一個急轉彎，全部人都倒一邊，我不太熟悉車子性能，緊握方向盤、掌心不斷冒汗，幸好安全抵達目的地，最後毫髮無傷地把客戶送回公司。那天晚餐，我的開車技術成了話題，客人聊起路上的驚險，談笑風生。其實我對他們有些不好意思，因為沿路十分驚險，幸好沒有出什麼差錯，只讓他們覺得好笑又有趣。

讓自己連結幸運事物

我的衣櫥裡大約有五、六套這樣的「幸運戰袍」，每套都曾為我帶來好成績。這種正式套裝簡潔、大方、優雅，穿出去不會出錯，更能在無形中給人自信、專業的形象，是我在業務這條路上不可或缺的出征夥伴。我鼓勵業務人員要捨得買幾套好衣服，重要的場合絕對用得上。

不只是衣服，只要是帶給我幸運的人事物，我都很會留意。有一次參加高爾夫球比賽，很早就要去打球，本來喜歡吃傳統早餐的我，常吃的那間店剛好沒開，只好買麥當勞在車上吃，沒想到那次我竟打了個冠軍！從此，只要是遇到高爾夫球比賽，早餐我就吃麥當勞，青蔬滿福堡成了我打高爾夫球的幸運早餐，讓我得過好幾次高爾夫球賽冠軍。

我喜歡連結幸運事物，因為磁場會互相影響，讓好運隨之而來。

改變服裝，心態也會隨之而變

當過母親的都知道，生產完會感覺自己很笨拙、腦霧，也因為身材臃腫，許多衣服再也穿不下，讓自己很不開心又憂鬱。

我有三個可愛寶貝，每次坐月子後，我就會趕緊運動瘦身，去買幾套衣服犒賞自己。換掉衣櫥內不適合的，穿上符合身材時尚的衣服，這時，內心瞬間會出現某種變化，那種變化教我對自己生出自信。

我會依照不同的時間、場合、地點來打扮自己，讓自己看起來光采可人，帶來好事。

闖出人生好業績的業務力思維

★捨棄便宜貨，擁有幾套真正派上用場的好衣服。

★連結幸運磁場，戰袍能加強自身的信念並帶來安心感。

★看時間、看地點、看場合穿著得體，只要是符合身分、身材的衣服，都能散發自信。

14 能算：數學不好沒關係，對數字要敏感

我的數學不好，考試常是個位數，七分、二十幾分我都拿過。有一次妹妹哭著回家，我問她怎麼了，她剛開始不敢說，後來才囁囁嚅嚅地表示，數學老師今天罵她，說怎麼跟姊姊一樣笨！我們是同一個數學老師，而妹妹就只有那次數學考不好，我真是無言以對。

我數學不好的基因似乎也遺傳給我的小孩，有一次兒子數學考不好，我罵得凶了些，母親看不慣說：「妳小時候數學只考七分，妳兒子還考得比妳好！」

不過，數學考不好沒關係，對數字敏感就好。大概是小時家裡很窮，所以我很愛算錢，只要是跟錢有關的，我的數字邏輯便會突然變靈光，這也在我日後當

業務準備報價單時，派上極大用場。

這樣報價絕對成交

電子產業的報價和一般報價不大相同，先要通過報價單審核，業務得從建立信任、提問、解決問題一路進行到底，競標通過後才能成為客戶的合作廠商。

「報價」是成交最關鍵的一步，如果業務不懂得如何報價，就會落入你來我往的砍價循環。報價技巧對了，不但可以讓客戶快速下決定，還能幫公司帶進一定的利潤。

報價時需要給物料清單（Bill of Materials, BOM）一個ＢＯＭ少說有三、四百個材料品項，光是一個ＰＣ面板就不知有多少組件，差一點價格就差很多。我會把利潤藏在低價的零組件裡面，這樣即便總價與競爭對手一樣，逐一檢視品項時也會發現我的價位比較划算，因為客戶通常是針對高價材料進行對比，而我的利潤是藏在低價品項上，單價低但數量多，利潤就出現了。

二〇一三年我離開公司，沒多久就聽見客戶的抱怨，說公司空降的新總經理，聽他說話就知道不靠譜。他找來一位美國白人業務當聯繫窗口，這個人竟然理直氣壯地跟客戶攤牌：以這樣的成本，他算過會賠錢，決定不再接單。

我的老天啊！百億大單就這樣飛走了！想起自己是如此努力與團隊花費三年時間開發產品，不眠不休趕工，經歷十三次失敗，好不容易才拿到這張訂單，那位坐領高薪、高高在上的新業務，居然一下子就把占公司一半獲利的百億大單給丟了。

客戶告訴我，他們準備轉單給其他網通廠，大家搶著要；但因為流程繁瑣，需要兩到三年時間慢慢轉單。我把這些話傳回前公司，公司才發現到這筆訂單其實還是有獲利的，是這位白人業務算錯了，但一切都已無法挽回，客戶早已被競爭對手搶走。

在這裡也提醒大家，有個業務鐵律：切記，錢要記得收回來喔！厲害的業務，不是只有接單，更重要的是要拿到錢。要不然錢沒有收回來，賠了夫人又折兵。因為有過先前追回兩億欠款的經驗，我對逾期貨款非常重視，一發現便會趕緊追回來。

買房是一種投資

我自己買賣過房子幾次，因為孩子相繼出生，需要更大的空間，也因此對買方、賣方心態都能理解。我的第一間房子是兩百六十五萬買進，加上八十萬裝潢，住了十二年，最後以近四百萬賣出。

如果我當初沒有買房而是租房，這十二年來，光是每月一萬五千元的房租，都足以買棟房子了。所以我鼓勵年輕人承擔一點壓力，要買房而不是租房。買房只需要先付頭期款，每月雖然辛苦點要繳房貸，但終究是累積資產，可以把繳房貸當成一種儲蓄方式。而且房子的價值會上漲，等同於增加個人資產；租房是花費，無法增值。

我對數字有很高的敏感度，因為每週每月都在看業績、報價又不下百次，不知不覺已訓練出「數字力」。工作之外，我也盡量把生活中要落實的事情數字化，比如：一個月定期定額儲蓄多少？一個月定額多少存股？一年拍幾支YouTube影片？一年幾次家族旅遊？化成數字就是具體目標，方便執行並且最終可以評估績效。

闖出人生好業績的業務力思維

★數學可以考不好，但是加減乘除一定要好，對數字要敏感。

★數字的背後通常就是實情，拆解之後就會看到真相。

★盡可能讓生活數據化，以利正確評估狀況，不得過且過也不失之偏頗。

15 歸零：頭銜、身段、情緒……都能放下

有人跟我一樣有世界崩塌的經驗嗎？如果有，那麼恭喜，慶賀我們順利再次重生！現在回想起來，這種經驗簡直就是上天給的禮物。

二〇一三年八月創業，二〇一六年八月離開公司，那時的我真的很痛苦。我失去的不只是三百萬，而是求生的意志，因為真正打擊我的並不是金錢，也不是創業失敗這件事，而是無法接受「人性的黑暗面」。公司因為合夥人理念不合而產生了一連串的訴訟、出庭，那段時期我常以淚洗面，覺得自己怎麼如此悲哀，情緒跌落谷底。幸好有位長輩告訴我：當你不知道做什麼的時候，去做志工就對了，將我從深淵一把拉起來。

平視自己，不再「假會」

站在高處很容易得意忘形，站得愈高，愈看不清事實。我先生罵我「假會」（自作聰明），實在是罵得很中肯，因為我真是被名片上那「董事長」三個字給沖昏頭了。五千萬資本額的新創公司，我個人出資三百萬，只占股六％就坐上了董座，渾然不知其中可能有詐：原來萬一公司出了事，董事長要背起責任，搞不好被關都有可能……

沒那個屁股，卻吃那個瀉藥，現在想想，當初的我真是不自量力，當時還打腫臉充胖子，將要繳房貸的錢，挪了兩百萬買下一台 Lexus 迎合董事長身分，結果董事長沒當幾年，頭銜沒了，受人仰望瞬間變成被人輕視。所以現在的我心底很清楚：別太把自己當回事，要知道自己是什麼樣的人，懂得平視自己，尤其擁名得利時，更要有自知之明。

二〇一七年我決定不再回電子業，把 skype 封鎖不再與過去的朋友聯絡，一切重新開始。我能做什麼呢？我不斷地問著自己。先生建議我去便利商店當店員，或是隨便到哪裡打工都好，讓自己有點事做。最後，我選擇去大湖村學習照服員課程，因為那裡沒有人認識我。

同學橫跨二十歲到七十歲，大部分是四十到六十歲的人，除了我，其他都是村民。同學有些不大識字，也有不認得英文字母的，看到他們這麼需要幫忙，我便自告奮勇當班長，每天幫忙訂便當，一起考試、結業、上補習班，協助他們通過考試拿到照服員丙級證照。在那裡，心情很放鬆，沒有壓力，也不需要跟任何人比。

我幫不良於行的老人洗澡、幫植物人按摩，他們的肌肉因長年沒有活動變得很僵硬，按摩可以軟化筋骨。從他們原本總是雙眼又驚又懼地看我，到後來會對我散發微笑，我知道他們很開心，自己心中的陰霾也逐漸散開。除了當照服員，我還去學校當 EQ 志工老師，正式通過三十六堂心理訓練課程，幫助孩童情緒管理，這過程中或多或少也幫助我走出情緒低潮。我喜歡為別人服務，做這些事讓我發現自身的價值。

沒有了名片職銜，我回歸到初始的自己。往來的人不再是因為我名片上的頭銜，而是因為真實的我才樂於維持關係。朋友之間沒有利益結合，只有真誠互動，誰有困難就互相支持，漸漸地，也讓我找回了最初對人的愛和信任。

塞翁失馬，焉知非福

相信大家都聽過「塞翁失馬，焉知非福」的故事：老翁不見了一匹馬，別人為他惋惜，他不以為憂。沒多久老翁的馬回來了，還帶了另外一匹馬。某天，老翁的兒子騎馬摔傷，瘸了腿，鄰居安慰老翁不要太過悲傷，但他不以為苦。不久戰爭爆發，需要徵召男丁入伍，老翁之子因為瘸腿不必上戰場，結果鄰居兒子反而因徵召為國捐軀。人往往會「因禍得福」，人生的事，誰也說不準，只要改變想法，就能改變人生！

歸零、重新再出發，這是讓自己擺脫慘痛過去的最好方法，如果沒有被打趴在地上，我不會看見地上有種子。我撿起種子，在心中澆水，第一棵種的是「付出」（讓我看到自己還有被利用的價值）、第二棵是種的是「運動」（釋放身體負能量讓心情輕鬆）、第三棵種的是「投資」（研究股市、房市與再度創業，面對現實金錢需求）。很快五年過去了，我的種子長成大樹並開花結果，每一棵樹都在成熟時可以採收水果來吃，我重新累積了新的人脈、社團、金錢，完全脫胎換骨，沒有怨恨更充滿感激，永不後悔走這段曲折路。

闖出人生好業績的業務力思維

★ 不管面對的是多麼糟糕的壞事，只要重新設定思維模式，改變想法就能改變人生！

★ 不斷歸零，就能不斷提升，遇見更好的自己。

Part 3

生活和工作，都能派上用場的業務力

只要將業務十力加以排列組合，
便能活用於日常生活中的各種場景，
順利克服逆境、解決問題，
進而實現目標！

16 職場：不是「業務」，更需要「業務力」

我在學校擔任志工老師期間體悟了很多事情。有一次我問小朋友：「生日收到什麼禮物最開心？」其中一個小朋友大聲說：「生日收到禮物一點都不開心！」我問他收到什麼禮物，他說生日那天，媽媽送他各種學科的測驗卷。我問：「班上還有誰有類似經驗？」竟然有三個小朋友舉手！當下我思索著：父母究竟期待孩子長大後具備什麼樣的能力？

同為父母，我想絕對不會是期待孩子具備「考試第一」的能力吧！人的一生會經歷很多事情，我會希望自己的孩子上學時能有「自我管理」的能力、與同學之間善用「溝通協調」的能力、遇到難關能有「面對挫折」的能力……而這些能力殊途同歸，都是希望孩子能夠找出問題，進而解決問題，在離開學校、進入職場後也能夠靈活運用。

我在上一部歸納總結二十年的職場經驗，彙整成所謂的「業務十力」，就是解決問題的工具與技巧，**如果懂得有效組合利用，應用於工作、生活與家庭當中，絕對會帶來更多美好的可能性，讓人享受倒吃甘蔗的幸福人生。**

當我想成為作家……

二〇一八年，我想把股票投資成功的經驗分享出來，讓許多還在為生活奔波、為錢煩惱的朋友，學會如何以波段操作來幫助自己創造被動收入。

我先在部落格上發表了「小資富媽媽」的文章，這些文章受到《鏡周刊》、《錢雜誌》的注意，他們找到我進行專訪。之後，東森電視台理財節目《雲端最有錢》邀請我上電視訪談，也因此機緣，節目製作人把我介紹給一家大型出版社，開啟了我的出版夢。

由於出版社希望先看到書稿，儘管當時還沒有簽約，但我仍為了專心寫作，特地租下一間辦公室做為寫稿專用，很認真地寫了幾萬字，每寫好一篇就趕緊傳給主編，但對方始終沒有回我稿子是否可以用。一直到二〇二〇年，書稿大致已經寫完了，我去電詢問，才知道那位主編離職了。

我想想自己辛苦寫的書稿，不能就此胎死腹中，於是請我的作家同學幫忙牽線，他告訴我，相較於綜合的大型出版社，采實文化更專注於作者的專業，能將我的個人特色發揮得淋漓盡致。就這樣，我成了采實文化的財經作家。書籍一出，當天的新書直播發表會就近五千人觀看，雖然遇到疫情，但從北到南的簽書活動少說也辦了八場以上，場場爆滿，書至今累積八刷，我就這樣從一個沒沒無聞的素人，一躍成為熱門財經暢銷書作家。

闖出人生好業績的業務力思維：眼界＋不服

★當我想成為作家，從我的眼中看到的都是「機會」。我先努力擴展「眼界」，分享經驗給有需要的網友，從爬部落格開始累積作品，將一篇篇文章彙整成書稿。從媒體邀訪中掌握到認識出版社的機會，儘管路途遇到挫折（被出版社放鳥），我用了業務十力當中的「不服」去化解。從未出過書的我，很珍惜也很感謝采實願意給予機會，我也努力進行宣傳，從直播新書發表會到實體簽書會，成果十分豐碩，這本書也成為了我的「名片」。

17 生活：生活鳥事不斷，該如何克服？

新竹有個很知名的廣播電台「IC之音」，很多開車的朋友都會聽。每當從廣播中聽到熟悉的台呼：I care, I can, I change（我在乎，我能夠，我來改變），我總會思考：我可以做什麼來創造影響力？

創造訂單，把不可能變成可能

學生時代我幾乎鎮日打工：剝荔枝、龍眼一整天，幫忙鳳梨罐頭加工，泡水的雙手又粗又皺；天還未亮就到早餐店煎蛋，手臂多是油燙疤痕；更曾在噪音轟天、空氣混濁的毛巾工廠當女工。除此之外，我還做過牙醫助理、便利商店店員、送海報、當保姆等工作，沒有一樣是輕鬆的。

大學畢業後好不容易面試成功，打電話給媽媽報喜，她說：「啊！做業務喔，很辛苦啊……」當時做業務是被認為沒有尊嚴的工作，很辛苦、會被人看不起的。我也深深記得無緣的富二代父母對我嗤之以鼻。很多人看不起業務，認為房仲、保險、車子的業務都是因為找不到工作才去做，但我卻是把「業務」當做首要目標。

審視自己的名片，我做過業務專員（Sales Specialist）、專案經理、內勤業務、業務經理、業務協理（Sales Director），到歐美出差後我才發現：國外業務的地位跟台灣截然不同。歐美國企業裡面，十個老闆裡有九個是業務出身；八成上市公司CEO第一份工作是選擇當業務；世界前五百大企業裡，CEO是業務出身的占比最高，其次是具有財務背景的人。自此，我更是打從心底敬佩那些賣保險、賣房子、賣車的業務員。

我喜歡當業務，業務最大的成就感是「創造訂單」，整個公司都會因為有大訂單而動起來，大家可以共同創造美好，一起分享努力成果。我曾經完成不可能的任務：我們機上盒團隊在公司尾牙時得到年度大獎，連美國大客戶也頒獎給我們，獲得「最佳供應商（Best Supplier）」獎盃。也因為拿到大訂單，公司得以從 Wi-Fi 業務拓展到機上盒業務，股價不斷攀升，更被業界封為「網通一哥」。

反轉逆境，是每個人的必修課

當然，每一次的歡慶背後，都是無數辛苦煎熬的日子堆疊而成，當中發生的任何鳥事，都得自己想盡辦法克服。

當業務的時期，我經常得一個人出差，航班總找最便宜的，一下飛機得趕緊租車到住宿地點，因為隔天一大早就要到客戶那裡開會。為了省錢，地圖必須事先找好（當時沒有現在方便），因為租有導航的車子比較貴。有一次因為班機延誤，抵達美國時已經天黑，我一下飛機就趕緊租車，開著開著卻迷路了。當時已近半夜，我還沒有找到當晚住宿的地點，四周漆黑、山路靜悄悄，路變得很小很窄、景色愈來愈荒涼。我不敢下車，只能鼓起勇氣試著再往前開一點，沒想到大燈前方竟是懸崖，我緊急煞車後嚇出一身冷汗，一步之差就是萬丈深淵。當時真是欲哭無淚，心裡想的都是年僅三歲的兒子，「我的孩子不能沒有媽媽！」努力定下心神，緩慢地倒車，直到回到大馬路後才敢放鬆，大哭一場。

在馬不停蹄的人生旅途中，總會突如其來發生一些倒楣事。面對挫折，為了求生存，縱使心情陷入最低潮，還是必須眼觀四方、耳聽八方，機靈地找出反轉契機。**人生不可能一路順遂，克服挫折、反轉逆境，是我們每一個人的必修課。**

闖出人生好業績的業務力思維：認輸＋歸零

★我曾在下雪的冬天因車子在路上打滑差點沒命；也曾從加州開車到拉斯維加斯，在大沙漠中遇到暴風雨。當事情處處不順心，便很容易心慌意亂，但是我總是先「認輸」，承認是自己疏忽、不小心，讓自己清掉負面情緒，調整心態，轉念「歸零」，重新開始。我永遠不會忘記行駛在大沙漠中獨自一人面對暴風雨的情景：雨刷抵擋不住猛烈的沙塵暴，完全看不清前方道路，內心害怕極了，卻不知是什麼力量驅使著我前進。突然天空發出一陣巨響，我猛一抬頭，雷電交加七彩光芒四射，那如夢似幻的天空，帶給我一段猶如少年Pi旅程的奇異世界。如果不是當業務，我看不到這令人一生難忘的奇景。

18 心理：情緒低潮時，如何快速跳脫泥沼？

身為業務一姐，我的生活步調十分緊湊。在美國跑業務的時候，常常是坐一大早的班機飛往美國，落地後還來不及喘口氣，便要趕著九點準時拜訪客戶。行程遍布於舊金山、聖荷西、洛杉磯、拉斯維加斯、亞特蘭大、紐約等城市，而不光是早上開一整天的會，晚上還要繼續和台灣研發團隊召集電話會議。

犧牲了家庭和生活，身上逐漸累積一堆病痛，我沒有認真傾聽身心發出的警訊，後來更毅然決然走上創業的路，沒想到竟帶給我更大的折磨。

創業失敗，轉念化解憂鬱

那時，我剛從清華大學ＥＭＢＡ畢業，對創業躍躍一試，就在那個時空環境下，碰巧遇到公司組織變革、人事大地震，拉拔我多年的長官決定離開，剛好有個同學希望我牽線介紹認識長官，結果大家一談即合，決定一起創業。

沒想到，新創公司發生了許多狀況，逼得我決定離開公司。這次失敗雖然讓我很憂鬱，但我也趁著這段休整期，取得了照顧服務員的丙級執照，更懂得自己的人生意義與價值為何。自從懂得轉念之後，那些新的機會與貴人彷彿也自動向我靠近，像是同為高爾夫球友的ＥＭＢＡ簡教授邀請我進入國科會專案的團隊，雖然我因為未來發展考量而婉拒，但被肯定的感覺很好，更讓我從破碎的靈魂中逐漸找回自己。

這樣的奇妙際遇，也讓我想到自己當志工老師時上過的ＥＱ課程，其中提到美國心理學家艾利斯（Albert Ellis）在一九五〇年代提出的情緒ＡＢＣ

理論（ABC Theory of Emotion），這便是個很好的轉念利器。A（Activating event）指的是誘發事件，B（Belief）是指人在事件發生後產生的想法，C（Consequence）則代表人因為想法而產生的情緒。任何事情都會引發不同情緒，都可以用ABC理論來解釋。

舉例來說：一對夫妻吵架，先生揍了妻子，三個兒子看到了，各自有不同的解讀。老大心裡想：我以後一定要好好愛太太，不讓她受傷害。老二心裡想：原來爸爸可以打媽媽，我以後也要這樣教訓太太。老三心裡想：看到爸媽這樣，我以後一定不要結婚。

一件事情發生，因觀點不同，會導致不同的情緒，所以每當事件發生時，只要調整看法、學習轉念，就能得到不同的結果，進而安然度過。自此以後，我學會不再把自己關起來，也不再追根究柢、自怨自艾，當我一轉念，拒絕壞心情與壞念頭，憂鬱的心情便一掃而空。

闖出人生好業績的業務力思維：識人＋認輸＋歸零

★很顯然，創業失敗的其中一個原因在於「識人」不清，但我願意「認輸」，趕緊調整方向，找出最好的解決之道，「歸零」重新出發。情緒ABC理論讓我有效分析自己的觀點，找出最有利的看法，將不好的結果轉變成好的結果。我會在情緒不好的時候，趕快逃離現場，甩開當下不好的情緒，藉由跑步、練瑜伽或是打高爾夫球等運動緩和心情，然後轉念成積極正面的看法，在心中感謝一切的發生，靜待好事出現。

19 決策：選擇面對未知，如何抉擇？

正當業績呱呱叫、訂單拿得順風順水的，公司突然進行組織變革、人事大搬風，我把這次離職當做是創業契機，結果卻慘遭滑鐵盧。結束了新創公司，突然中年失業，除了心慌，還有莫名的焦慮和憂鬱不斷襲來，除非事情發生在自己身上，否則很難理解那是什麼樣的感覺。

當時的我渾渾噩噩，不知道自己該往哪個方向走，心中糾結著：該不該再回電子業？那時我已經四十好幾，大企業對中年工作者有年齡、薪資上的諸多考量，覺得又老又貴，所以儘管我有累積二十多年的業務閱歷和寶貴經驗，某家公司還是希望我從比較低的位階開始做起。雖然給我更高的薪資，但我似乎很難再回到原有的職位高度，因為高階很少出缺。迫於生活所需，我也曾想過先求有、再求好，不失為暫時之計，但懷抱這種想法，通常只會因心頭憋屈而做不長久。

把空窗待業期，變成自我進修期

中年失業的悲哀是：空窗愈久，愈沒自信。為了不讓自己的狀況愈來愈糟，我決定先下手為強，把這段「空窗待業期」定調為「自我進修期」。這樣一定調，心態也跟著發生了轉變，從消極的封閉心態變為積極的開放心態。我開始願意接受新想法、新挑戰，我去上照服員課程，幫忙老弱不便者的日常生活；去上情商課程，在小孩的學校當志工老師。女兒參加籃球隊的比賽，我就去當籃球媽媽，幫忙老師照顧孩子們，到處南征北討參加比賽，更在比賽時盡情加油吶喊。當時籃球隊還出國比賽，我也幫球隊在馬來西亞安排食宿與在地觀光行程，留下美好的回憶。

記得有一次比賽眼看就要輸了，剩下最後幾分鐘時教練喊停，對孩子們精神喊話：「專心、專心，沒關係，一波波攻勢慢慢地來。加油！加油！加油！」

教練永不放棄的堅持令人動容，憑藉著這短短十四秒的精神喊話，孩子們竟然在最後幾分鐘的時間，將輸球差距從二位數追成平手，然後在延長賽的三分鐘內拿下十一分奪得勝利。從以為穩輸到平手進入延長賽，瞬間化逆勢為勝局，信念的力量簡直太驚人了！我的心跟著賽局洗三溫暖上下震盪，如此戲劇性的場面我至今難忘。

那次女兒的籃球隊得到冠軍，得以進軍全國賽。我跟著滿腔熱血、感動得滿臉是淚，眼看著就要輸了卻還是努力堅持，最終獲致美好的成果，我的孩子可以加入這樣的團隊真是太幸運了。

如同女兒的籃球隊，秉持著不到最後一刻絕不放棄的精神，我也告訴自己，**除非人生到了最後一刻，否則我都不算輸。**

闖出人生好業績的業務力思維：眼界＋識人＋善言＋不服

★我打開「眼界」，從限制中找到機會，把失業這段時間用在進修學習。情商課程教我如何進行有效溝通，照服課程與實習則一一降低了我的心慌與焦慮感。當志工和學習新知，是我調整中年失業求職無路的方法和心態。學習不懂的領域，就不會因為自己有專業而心高氣傲；找份無給職的志工，就不會被低薪壓抑到心情鬱卒。

從籃球比賽我也學到：一個好教練有多重要，這是「識人」；快輸球了臨危不亂，只剩最後一秒也不放棄，這是「不服」。女兒的籃球比賽讓我領悟：只要堅持，就可能得到重生。籃球比賽的反敗為勝，也讓我相信，自己的人生一定能從黑暗再度翻轉成光亮。

20 投資：投資理財，是業務的基本功

離職總有諸多原因：已經鞠躬盡瘁了升遷名單還是沒有我、股份沒有別人多、年終獎金還是不夠……創業原因則更是多元：一方面是想證明自己有多少能耐，另一方面則是擔心，萬一組織無預警踢開自己怎麼辦？一起合夥創業，看似就能化解高階轉職的危機。

遺憾的是，我的創業夥伴並非良友，古書有言：「志不同不相與隨，道不合不相為謀；志不同不相為友，道不合不相以誠。」意思是說：志向不同的人不能互相追隨，也不會成為朋友；處事原則不同的人，不能共謀大事，也不能相誠以待。而我透過這次慘痛的經驗，才真正體會到這個教訓。創業失敗加上中年失

業，儘管有著不錯的學歷與業務資歷，還是得苦吞「小公司請不起，大公司沒位置」的尷尬處境。

投注全副心力，讓錢靠近

就在困頓之際，我突然想起公司裡有位研發人員很聰明，他從來不加班、也不介意升遷，他有天平靜地說：「不知道今年股票獲利是否破百萬？公司誰升官、薪水比較多，我都不在乎，因為我的被動收入不斷增加。」真是一語驚醒夢中人，這句話轉化了我的職涯危機。

我想：如果我能從股市中賺錢，沒工作又有什麼關係呢？過去的我是拚命三郎，為工作賣命、犧牲太多了，很對不起先生、小孩，尤其是幫我帶孩子的母親。自此以後，「擁有被動現金流」便成了我的目標，那麼該如何甩開負債，快速讓個人淨資產三級跳？我想到了自己還有房子可以賣，有銀行可以借錢。

取得英國碩士欠債回國的那一刻，我就立志要脫貧，所以我的工作收入有三分之二投入理財、買基金或股票，買車和買房也善用銀行貸款。那時主管介紹了一家無線ＩＣ設計公司的未上市股票，我因為是在前方打仗的業務，深知無線網路是未來的趨勢，也相信台灣ＩＣ設計的技術絕對跟得上國外，所以決定認下十張股票，共二十萬。但我身上存款只有十萬，便問我已離職的好姐妹同事要不要認。遠在日本的她一口答應，匯了十萬過來，都先放在我名下。

五年後這家公司上市櫃，股價翻了十七倍，也讓我賺到人生房子的頭期款三百萬，在竹北高鐵買下人生第一間新房預售屋。我也匯了三百萬給在日本的好姐妹，感謝她這五年來如此信任我。當她收到這筆錢的時候，超級驚訝地跟我說：這是她這輩子獲利最多的一次。

之後，隨著三個寶貝出生，小房不夠住，為了讓家人能夠住得舒適才買下大房，但是一個月十萬的房貸，卻在我失業時成了最沉重的壓力。

於是我賣掉小房子，用四百萬投入股票市場。每天看財經新聞、研究個股財報、以技術線型看買賣點，我豁出全副心力，相信憑著自己對電子業務的靈敏嗅覺，不信賺不到。果然，投資讓我抓住了人生的漲停板。因為對電子產業的熟悉與預判外資持續大量匯錢來台灣，台幣不斷升值，全球經濟將會看好。

我用兩年時間快速累積獲利近兩千萬元，二〇一七到二〇一八年，我自創「天龍八步投資心法」得到五倍獲利。二〇二〇年我更掌握了「波段投資法」，加入「缺貨」因素（只要留意財經新聞出現缺貨的題材股票一定漲）買低賣高，總結二〇一七至二〇二一這四年獲利達四千萬。想知道我如何投資成功，請看我的第一本書《我用波段投資法，4年賺4千萬》，書裡依每個人的個性（從保守型到冒險型）挑選出適合的投資工具（如：石油、黃金、貨幣、ETF、基金、股票等），適合小資族來學習如何理財投資。

我用全部的動力想著要賺錢這件事，也相信錢一定會靠近我，站在「價值投資法」的立場，抱著「長尾效應」與「複利心態」等待時機爆發，我的信念在四年內開花結果：不僅有了錢，也擁有了一個嶄新自主的人生。

闖出人生好業績的業務力思維：眼界＋識人＋能算

★會理財，就是會分配手上的生存資源，這種連松鼠、螞蟻、兔子、蜜蜂都會做的事（牠們會儲存食物以備不時之需），我們人類更是一定要會。理財是業務力最基本的一環，很多人無法獲得經濟自由，都是理財出了問題。我的待業空窗期，其實是有意識的職涯布局，一方面學習建立新人脈（識人）、一有機會就展現過去累積代表作，等待新契機（眼界）。我每天至少花三十分鐘至一小時了解政經時事、產業動態、股市分析，進行有意識的理財，「能算」讓我把錢放在一個高報酬、高流動性的地方，一有大的斬獲就先獲利了結優先支付房貸，一步步減輕心頭重擔，創造了後來健全健康的財富。

21 創業：從無到有，開創新事業

二〇一六年十月的某個下雨天，我開車上關西高速公路趕高爾夫球月例賽，因為一個急剎，車身打滑轉了幾圈後撞上公路護欄，我驚聲尖叫抱緊方向盤大哭，回過神來才發現護欄被撞凹，但自己卻毫髮無傷：啊！感謝老天爺，幸好後面的車輛及時閃避沒有撞上來……而我也透過這一撞，撞出了新領悟。

我想起失去雙臂卻夢想當鋼琴家的劉偉，沒有手就用腳彈鋼琴。當別人問他是怎麼做到這一切的，他說：「我覺得我的人生只有兩條路，要麼趕緊死，要麼精采地活着。」這場車禍成了我人生的轉折點，讓我跳脫思考：我想要用什麼樣的方式活著？

二〇一六年底，我開始努力投資，逐步打下經濟基礎，也摸出了一套投資獲利公式，以錢滾錢，獲利愈來愈大：台幣升值暗示大多頭來臨，外資匯入台灣股市，就這樣抓緊波段，錢不斷穩定累積。這兩年間，原本沉潛在黑暗淵底，奄奄一息、死氣沉沉的我，彷彿從海底見到了光芒，瞬間吸飽氧氣，快速從海底冒出水面，對著天空陽光大喊：我回來了！陳詩慧回來了！

再度當老闆

二〇一九年，我重啟曾經讓自己最怯步的事情：創業。

我成立 Globalsun 公司，著手進行「咖啡機器人」專案，這原是一個政府企業研發補助計畫（Small Business Innovation Research, SBIR），由不同廠商負責開發咖啡機器人手臂，我負責承辦廠商的物聯網雲端作業系統，委外請工程師研發智慧雲軟體。當時會有此發想，是因為製作咖啡需要時間，想著不如善用客人的等待時間，設計遊戲集點服務，讓消費者在等咖啡之餘還可以玩遊戲。這個計畫由 Globalsun 負責智慧雲端開發與費用，但由於機器手臂、雲端、網路支付設備等整合困難，於是決定改變計畫，刪除智慧雲端的部分。

雖然計畫進行不下去，但我已經花費半年時間完成智慧雲端開發的部分，於是決定把這一塊拿去申請專利，而這次經驗也為我埋下日後跨足電商的想法。

二〇二〇年十月，我與朋友合夥跨足餐飲，推出低 G I 健康餐飲。這些事情，都是因緣際會而成，是一個信念牽連著一個信念。我也在二〇二二年開始 GlobalSun 電商平台，計畫推廣台灣好產品到國際上，要讓美好的事物遍及任何太陽照射之處，這就是 Globalsun 的命名由來與初衷。

車禍讓我思考：想以什麼樣的方式活著？我找出了自己的人生定位：「我想幫助每個人找回人生的選擇權！」因著想法、信念和態度，我散發出去的頻率，都產生了一種能量，於是同樣頻率的事物產生了共振，將相關人事物吸引聚攏。

雖然雲端咖啡機器人手臂計畫暫停，卻讓我了解到電商的重要性，有了自己的電商平台。因為有了電商平台，我得以幫一位清大學長推廣他的防疫抗菌產品；家附近有間餐廳要收掉，我想幫朋友頂下店面，而一同跨入便當事業。二〇二〇年十二月第一家「健人餐廚」（賣低GI的科技便當，科技人吃不胖的便當）嘉豐店成立，疫情間生意興隆，要往第三家邁進了；二〇二一年五月另一個餐飲品牌「貝穀」（賣異國風味的炸雞與海南雞飯）也在新竹與竹北各自展店。

車禍啟發了我助人的能量頻率，因著信念，在追尋的過程中，自然而然認識到一些頻率相同的人事物；因著信念，看到、聽到、體會到的都隨時隨地累積、凝聚能量，就像「滴水穿石」這故事想傳達的寓意，雨滴靠什麼穿過石頭？是「信念」。**信念就是方向，就是力量，就是明燈。雨滴能穿石，我也相信能再次找到屬於自己的天空。**

我曾經在新聞看到一個發生在非洲的真實故事：六個採煤工人在很深的礦井下被困住，這麼嚴重的坍塌需要好幾個小時才能挖開，他們無法確知自己是否能及時獲救。被困工人們面臨的最大問題是缺氧，井下的空氣最多只能維持三個半小時，而這群人當中只有一個人戴著手錶。所有人急著向他詢問時間，然而愈焦慮愈會呼吸急促，就會消耗更多的氧氣。

為了安撫大家情緒，戴錶的人說自己會主動三十分鐘報一次時，實際上他每過一小時才跟大家通報。時間滴答滴答地走着，空氣愈來愈稀薄，呼吸漸漸變得困難，外面加速營救工作，終於在五個小時後挖開礦井。衝進去的救援人員以為得收屍了，卻意外發現五個工人還活着，唯一窒息的是那位戴錶工人，他為大家把那三個半小時用信念延長了，自己卻熬不過去。

這個故事告訴我們：信念可以創造奇蹟。

就像大陸有個鄉村叫做「大學村」，其實這是一個位於山東西南的貧窮村落，本來叫做「姜村」，後來因為好幾個人考上大學、甚至培養出多位碩、博士，他們功成名就後回鄉改善環境，並將村名改為「大學村」。村裡孩子幾乎都能考上大學生，有人疑惑：是不是吃了什麼變聰明？還是生活條件或學習環境特別好？孩子說沒什麼祕訣，只是他們都無比相信當年老師說的話：「要記得：你們將來都是傑出人才！」

有信念，才有奇蹟。

闖出人生好業績的業務力思維：

歸零＋眼界＋識人＋圓融＋善言

★第一次創業就得面對金錢損失、失敗打擊、人性醜惡，但我後來發現，這一切都只是短暫的苦痛。我相信自己就是那滴能夠穿石的水，這個信念使我有勇氣重頭再來。所以當我準備好資金，第一件事就是正視自己最害怕的事情：創業。我相信我可以，也願意盡一己之力幫助每個人找回人生選擇權。第二次創業，我用業務力中的「眼界、識人、圓融、善言」突破障礙、戰勝困難。我知道鐵變成鋼只有一個途徑，就是歷經火煉。我曾烈火燒、冷水澆、煉成鋼鐵般的意志，未來我將更不畏艱難、信念堅強。

22 斜槓：業務，就是一種斜槓

斜槓，英文是slash（斜線），表示自己擁有多重職業與多元收入。就此定義來看，業務其實就是一種斜槓！很多人問我：「妳怎麼懂得這麼多？怎麼可以做這麼多事？時間管理怎麼那麼好？」答案便是我身懷的業務十力。擁有業務力，你也可以有屬於自己的斜槓人生！

其實我年輕時一點也不斜槓，不斷工作、賺錢養家，蠟燭兩頭燒，生活中只有柴米油鹽醬醋茶。我為工作、為家庭放棄很多夢想，相信很多人都跟我一樣。

我小時候很喜歡音樂，希望爸媽讓我學鋼琴，這對家境貧困的小孩來說當然是遙不可及的夢，我家連營養午餐都付不起，怎麼有錢學鋼琴？但音樂課是我最喜歡的課，我可以盡情陶醉在美麗的音符裡。儘管在學校成績吊車尾，但我卻當上了學校指揮，每天早上升旗典禮站在台上，戴著白手套、拿起指揮棒，指揮學校的小樂團，全世界似乎只有音樂老師理解我。

沒學過彈琴，卻能演奏世界名曲

考上大學後我進了吉他社，用早餐店打工、晚上兼家教的錢買了一把木吉他，至今還完好無缺保留著（本來換了新弦想給兒子用，但實在太老舊了）。那時吉他社有台鋼琴，我會趁沒有人的時候偷偷坐上去，用國小音樂課學到的樂理，把樂譜上的豆芽音符和按鍵一個個對上。大家相信嗎？不會彈鋼琴的我，竟然可以用雙手演奏讓法國鋼琴家理查・克萊德門（Richard Calment）一舉成名的作品〈夢中的婚禮〉（Mariage d'amour），我其實是硬背下來的。

〈夢中的婚禮〉，是我唯一會彈的世界名曲。如今，已經年近五十的我，如果想成為鋼琴老師，有何不可？鋼琴也可以成為我的斜槓啊！如今我正朝通過鋼琴檢定的目標前進，一步步往兒時夢想邁進，也許未來有一天，我甚至可以自己譜曲，辦一場鋼琴演奏會呢！

從興趣中找到熱情所在

斜槓人生很浪漫、很自主、很彈性、很多元，但也蘊藏著一個定律。所謂斜槓，不單單只是同時承接多份工作，而是要從廣泛的興趣中，找出可以持續的熱忱，再從熱忱當中提升自己的能力，最後以專業來獲得「有價的收益」（持續性收入）。

斜槓要專業，這個專業與在學校所學的一技之長不一樣。學校是考試入取的，大多數人是分數到哪就念什麼科系，忽略了內心的聲音。斜槓則完全從興趣出發，先知道自己要什麼，再從中發展出生存模式。這種生存模式得靠自己逐步摸索出來，所以一旦成功了，那種喜悅絕對是筆墨難以形容。

現今最具代表的斜槓人應該是「網紅」，他們經營自媒體、還接演講、代言、業配（商品置入行銷）、經營課程等，收入來源很多。像是我成立「陳詩慧波段旅程」的 YouTube 頻道，原是基於自己對財經的興趣，從總經與財報面切入，希望能幫助大家建立健康的投資心態。經營頻道的過程中，我發現這和投資有著異曲同工之妙，長期經營下來便能累積複利效應，帶來當初沒有預期到的新機會，比如受邀到大學或社團演講、籌備線上課程，甚至出書成為作家，受邀上電視媒體等等。

世界非常現實，生活非常殘酷。Twitter 一被收購後馬上裁員幾千人，員工如果只靠這份薪水，沒理財又被裁員，一定馬上陷入愁雲慘霧。成為斜槓人之後，我真正體會到自由運用時間、自主選擇工作、不受辦公室局限、擁有多元收入的快樂，但在做斜槓人之前，建議大家要有經濟基礎做後盾，做好投資理財才好放心追夢。

時代不斷改變，以前汽車靠石油，未來汽車靠充電；產業線也愈來愈模糊，現在經濟模式已不是從前「老王賣瓜，自賣自誇」的模式，常常會有「羊毛出在狗身上，豬來買單」的跳tone模式，例如：某航空公司結盟汽車廠賣車給司機。航空公司想招攬更多客人，提出買機票加機場接送服務，先低價從汽車廠買進一批車，然後與司機簽約，保證讓司機有最低載客量，並要他們不得租車，必須分期付款買下自己的車。很多YouTuber都很會運用這種模式，把產品巧妙地做成內容，讓贊助商達到宣傳效果，又讓觀眾得到優惠折扣。

職涯很長，千萬不要固守單一技能，我建議大家跨界學習，藉由提升個人能力來替代無法長久僱傭的保證。尋找熱忱所在，發展斜槓，找出個人定位，從定位中找到市場性。剛開始或許沒有什麼斬獲，但是看長不看短，相信每一步的累積都會有價值。

闖出人生好業績的業務力思維：

眼界＋識人＋圓融＋善言＋不服＋懂吃＋會穿

★在變動劇烈的年代，一份薪水不夠養活自己，必須有第二、第三專長，獲取第兩份以上的收入。你也想為職涯尋找更多機會嗎？活用業務力中的「眼界、識人、圓融、善言、不服、懂吃、會穿」創造機會和找尋人脈資源，同時利用下班時間持之以恆進修，哪怕只是撥出一小段時間，做些會讓自己快樂、感興趣的事，進而發展成專業。斜槓從來不分年齡，只會幫助我們改變生活，賺更多的錢，創造更好的未來。

Part 4

培養業務力的關鍵好習慣

人生難免遇到大大小小的坎，

遇到問題，你是被問題擺平？還是擺平問題？

若要以業務力攻略各種難關，

你需要養成這些好習慣！

23 心態習慣：面對難題的五大心法

哲學家亨利・梭羅（Henry David Thoreau）在《湖濱散記》（*Walden*）一書中曾經敘述：他每天從居住小木屋穿越雜草叢林走到湖邊，不知不覺竟走出一條小徑來。這件事讓他省察到，習慣的養成常常是不知不覺產生的，且足以對生命造成巨大的變化。

好習慣與壞習慣，影響人的一生。我讀過一篇報導，研究「有書桌沒書桌的人生差距」，實驗是兩位學經歷雷同的五十歲女性，A婦在三十歲時被孩子奪去了書桌，至此以後再沒有自己的書桌；B婦一樣生了孩子但仍保有自己的書桌。這二十年沒有書桌的差距，就造成了A婦與B婦截然不同的人生，B婦繼續念書拿到博士，A 婦還在原地直埋怨。

很多女生在結婚生子後，就失去了自己專用的書桌，沒有書桌，等於失去了學習的力量，其實書桌的定義不僅限於桌椅，而是一個私人空間。有自己的空間，就能夠有效學習、安靜思考，甚至會自主擬訂行動計畫，來完成自己的願望清單。

善用五大心法養成好心態

人生，是一個不斷解決問題的過程。工作有工作的煩惱、戀愛有戀愛的疑惑，就像一場闖關遊戲，關卡有難有易，如果能解決，便能邁向下一關；解不開就只能坐困愁城。遇到問題時，需要養成正確的心態，冷靜下來分析問題，再求解決方式。

從小到大我面對的問題不算少，早已學會「兵來將擋，水來土淹」一身好本領。我在上EQ課程時，從楊俐容老師合著的《我是解題高手》中學到「想／要／創／思／行」這五大心法。前四大步驟可以做為解決問題的手段，最後再加上業務最厲害的執行力，也就是「行」，因為任何事如果缺了執行力就不可能發生。只要妥善運用這五大心法先

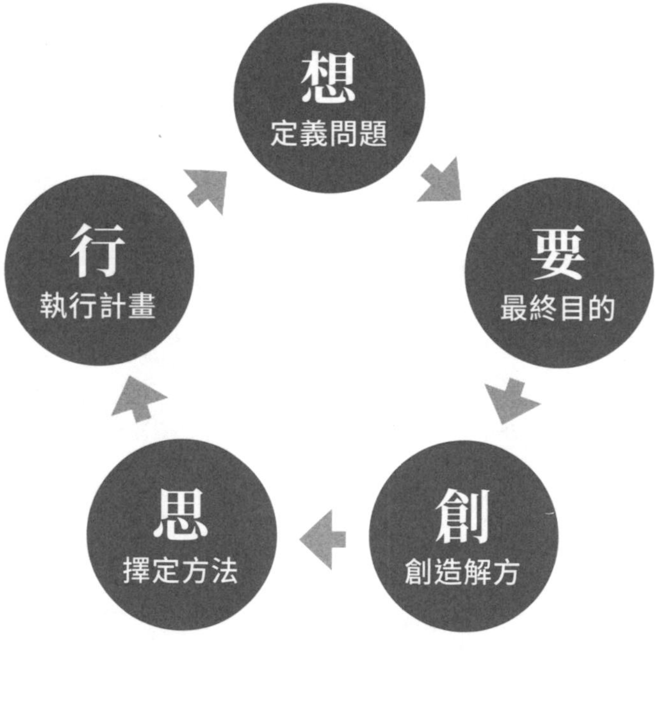

將問題仔細想過一遍，通常就能找到解方。

五個步驟分別如下：

想：定義問題，想清楚確切的問題點

要：最終想要達到什麼目的

創：思考可以透過哪些具體可行的方法解決問題

思：擇定方法，並考量隨之而來會產生的後果

行：執行計畫，唯有真正落實才能知道結果

以我自己為例，在當業務時，因為公司小、資源少，沒預算參加消費電子展，怎麼辦呢？五大心法幫助我氣定神閒地推敲思考，享受整個「解題」過程：

想：想要讓公司產品在消費電子展上亮相

要：最終目的是要找到更多客戶，擴展公司能見度

創：詢問長期合作的美國合作夥伴，是否能讓我一同參展

思：評估是否會影響和合作夥伴之間的關係

行：最終決定執行計畫，順利參展

回首看來，原來自己早在不知不覺中運用這種方式解決問題。後來我不僅成功將公司產品在合作夥伴的攤位上展出，也藉機認識了不少客戶，為公司帶來實質的效益，沒有白跑一趟，非常值得。

所以遇到問題，一定要以「事情絕對有解」的心態面對，若想不通也不要悶頭苦思，三個臭皮匠勝過一個諸葛亮，不要怕跟別人說自己的困境，講出來除了能讓心情好，也能帶來不同角度的思考，肯定有幫助。

在職場上，技巧與專業固然重要，但「態度」有時更是決定一切的關鍵。

闖出人生好業績的業務力思維

★心態有兩種基本款：「積極」與「悲觀」。積極型心態是對萬事萬物保持開放的態度；悲觀型心態則是故步自封，逃避挑戰。其實安全感的要件之一就是保持開放的心態，如此一來就會比較願意接受挑戰、尋求創新，並主動尋找解決方案，進而帶給自己安全感。

美國心理學之父詹姆斯（William James）有句名言：「人類可以藉由改變態度，改變生命。」這是一個很偉大的發現，因為積極心態是在改變消極心態的基礎上發展起來的，透過心態的改變，命運就能發生奇蹟式的轉變。

24 思考習慣：扭轉思維的兩種思考方式

養成好習慣，好運自然來。有些人很習慣抱怨：「房價這麼高，誰買得起？我工作一輩子也買不起！」「公司出差費給這麼少，連坐個計程車都不行……」你是不是也成了一個愛抱怨的人？趕緊停止，因為當你的內心裝滿抱怨垃圾，你的生活就會愈來愈多垃圾堆積！**很多人不僅理財發生問題，連思考都發生問題，而想法與生活之間環環相扣，彼此會相互影響。**

當你抱怨時，你的內心便會充斥一堆垃圾，生活也會因為不斷累積的負面情緒變得一團糟，所以必須學會停止抱怨。然而，要做到完全不抱怨是一件非常困難的事，我們可以用兩種方法扭轉思維：第一，正向思考我們的負面情緒；第二，賦予使命感。

讓情緒由負轉正

當困難或新任務來臨時，我們會因為諸多不同的原因，產生想放棄的念頭或抱怨等其他負面情緒。這時可以正向思考這些負面情緒，轉負成正，事情才會朝向好的方向發展，否則便會每況愈下。

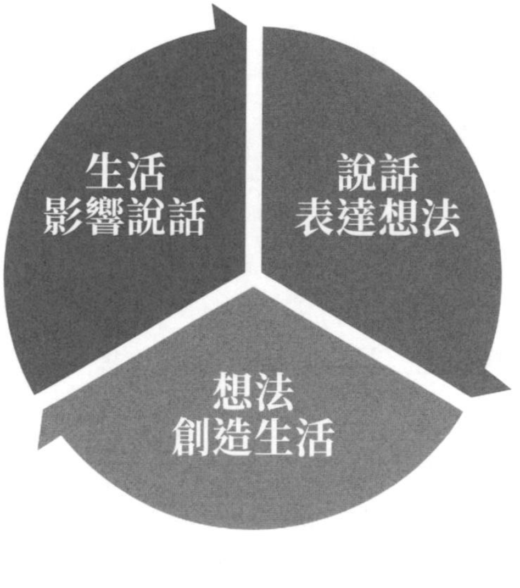

商界有一個理論叫「破窗效應」（broken windows theory）：把兩輛車放在同一個地方，經過一個晚上，隔天一看兩輛車都沒事。但若是把一輛車窗打破，

想像＞相信自己＝產生恐懼

跟另外一輛完好無缺的車放在一起過夜，隔天一看，兩輛車都遭受嚴重的破壞。

破窗效應要表達的意思是，當生活當中有負面情況產生，如果沒有馬上處理，負面情況會逐漸擴大，產生更嚴重的後果。

要怎樣讓思考由負轉正呢？首先需要了解負面思考產生的原因，其實便是對於事情的負面「想像」勝過了「相信自己」，便會產生「恐懼」，讓人選擇逃避。

人的負面情緒，其實是自己想像出來的。事件本身沒有看法，有看法的是我們，是我們賦予事件的正面想法或負面想法。比方說，以前我每次要出差前，總會杞人憂天，擔心很多未知數：

怕飛機延誤、怕迷路、怕客戶不見我……未知讓我出差前充滿恐懼。自己想像的困難最恐怖，而且是讓自己不敢前進的主因。每當這些負面情緒跑出來，只要能夠自我察覺到有此情形，就可以用「賦予使命感」的方式去改變思考方式。

賦予使命感，產生正能量

我會朝這個方向去想：出差是為了什麼？答案是為了拿到訂單，賺更多錢給家人過更好的生活！這時，「為家人付出的使命感」出現了，當「使命感」勝過「恐懼」，就產生了勇往直前的力量。

一旦產生勇氣，自然會生出信心想辦法完成任務。我把心中所有對出差的恐懼逐一條列，針對每項恐懼做足準備，由於有背後使命感的支持，恐懼泡沫很快就會被戳破。每次出差回來，我都發現沒當初自己想像的那麼難，只要調整好需

使命感 > 恐懼 = 執行力

求與規畫策略即可。出差可以面對面接觸顧客，更了解客人心裡在想什麼，這不是光靠電話、Email 就能辦到的，只要克服恐懼，帶來的好處十分豐碩。

面對不確定的未來，我們很容易心生膽怯，若恐懼成了一種習慣，遇到事情便會裹足不前，反而會形成一種很大的壓力。生活原本就充滿不確定性，但若是從另外一個角度來看，這些不確定性其實是「可能性」。培養正面思考的習慣，再輔以使命感驅使自己勇敢面對挑戰，就不容易被恐懼蒙蔽或操控。

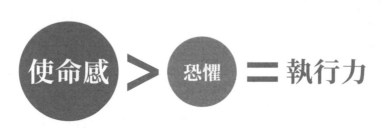

闖出人生好業績的業務力思維

★恐懼不是不好，恐懼會激發出更高層次的信念與價值觀，迫使自己產生正確的抉擇與對的執行力。恐懼讓我做好充分的準備，即便出差有突如其來的狀況發生，也不會覺得不安。我們要注意的並不是恐懼本身，而是因恐懼產生的負面說話方式與想法。養成正向說話的習慣，好的想法自然跟著來，尤其是「說話語氣」，語氣好壞是立即能感受到的，而感受會影響一個人的「情緒與行為」，情緒與行為又會影響「結果」，這些都是連帶發生的關係，所以：說話適切，語氣積極正面，前途絕對更光明。

25 挑戰習慣：脫離舒適圈，駕馭不適圈

我是一個不斷接受挑戰的人，看我的人生履歷就知道：不斷搬家、和媽媽一起做家庭代工、到工廠打工、到補習班打陌生開發電話、當便利超商店員、做牙醫助理、到早餐店打工、當保母、兼家教……因為要賺錢，我經常被迫面對新環境、接受新挑戰，就算環境再差，我也會學著適應。

真正一次不為賺錢，而是為了跳脫舒適圈自我挑戰，是出國念書這件事。那時我在大公司工作很穩定，父親堅決反對我辭職，因為出國念書沒錢賺，花大錢拿學歷回來還不一定能找到好工作，儘管如此，我還是毅然決然要去闖闖看。當我取得英國碩士，發現自己竟然辦到了，過去的自卑瞬間瓦解，我找到了一個

「不一樣的自己」。

挑戰自我，找到新機會

跟自己的臨界點挑戰，便會找到自己不一樣的面貌。蘋果創辦人賈伯斯就是一個不斷自我挑戰的人。我始終記得賈伯斯回鍋蘋果後發表的那支廣告「不同凡想（Think Different）」，空前震撼人心。他不只是個會做產品的發明家，也是十分能掌握品牌核心價值的行銷大師，即使過了這麼多年，這句廣告詞依舊影響著許多人。賈伯斯回歸後，在全球大會上講了一段很重要的話：「我們必須從消費者使用經驗回推，了解現有的缺陷，而不是從科技發想去找推銷對象。我曾經犯過這個錯、傷痕都還在。」當時的蘋果危危欲墜，茫茫然無所從，賈伯斯卻能衝出一條品牌願景：「蘋果能帶消費者去哪裡？」蘋果的格局，不僅僅只是要

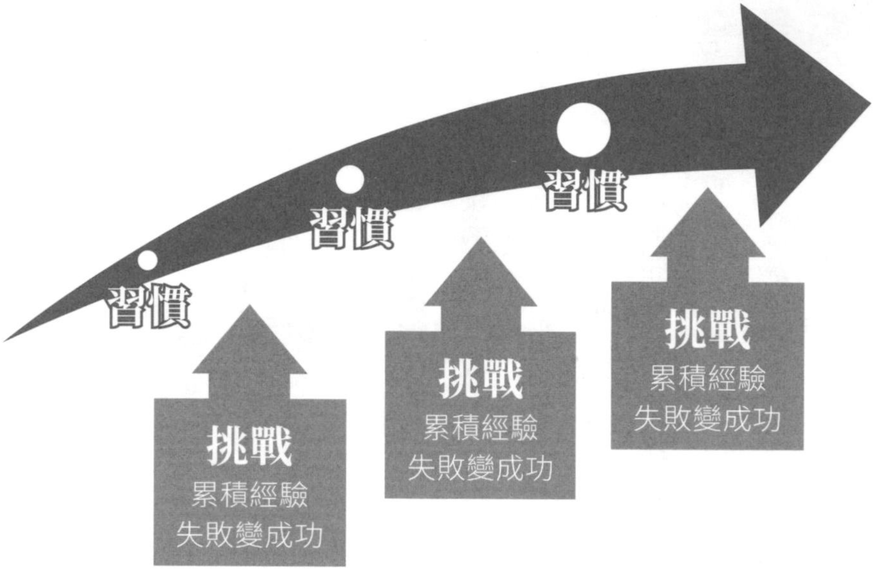

把創新科技賣給消費者，而是要為消費者創造一種新奇又難忘的使用經驗。成功大品牌都有一個共同點：有清楚的價值主張，並能讓消費者產生認同感。賈伯斯的那段話，對品牌、消費者、產品來說，是很重要的基本觀念，而做業務的基本觀念就是：不斷挑戰！

跳脫舒適圈需要勇氣，一旦恐懼被克服，能力就能提升到另一個層次。我便是一個活生生的例子，憑藉著每一次的失敗經驗，養成了面對挑戰、克服挑戰的習慣。習慣一旦養成，便不怕省察自己、認識自己，然後改變自己。

當你對生活充滿抱怨和不滿，就意味著此時正是應該做改變的時刻。要仔細省察內心，否則一年、五年一下子就過去了，時間增添了歲數和皺紋，唯獨沒改變的是：自己依舊做著不喜歡的工作、抱怨著相同的事……這是大多數人生活的寫照，時光一下子飛逝，依舊過著沒品質、不穩定、無聊的日子。

跳脫習慣，再跳入更高層次的挑戰，這當中可能會有無數失敗經驗來幫助自己修正、調整，然而一旦克服了困難，駕馭了不適圈，整體能力就會再升級，像瑪利歐拿到寶物一樣愈跳愈高，人生也會加倍豐富。

闖出人生好業績的業務力思維

★我們習慣待在舒適圈，因為對人事物熟悉了、擅長了，輕輕鬆鬆就能完成。如果可以預期每天發生的事，今天、明天，甚至十年後都跟今天一樣，那麼你的未來也可預期。捫心自問：你對未來還有所期待嗎？有個在台積電工作的朋友，我都叫他「酒庄先生」，當他感覺內心快枯竭的時候，勇敢地跳脫了舒適圈，開了一家酒庄，他依舊在台積電工作，但會趁休假時到世界各國尋找紅酒，還考了品酒師執照。如今的他，工作、酒庄、生活兼顧，忙得不亦樂乎。

廣告大師伯恩巴克（William Bernbach）曾言：「如果你表達自己所相信的，總是有人會認同、有人會反對。但當你不表達的時候，你會發現沒有人反對你，但也沒人支持你。」如果不想對生命失去熱情，就找出有動力的事，來點冒險，試試看會發生什麼結果，讓人生再蛻變一次吧！

26 健身習慣：維持鍛鍊身體，是自信的基底

二〇一七年把錢投入股市之後，我便開始專注打高爾夫球，主要的原因是希望轉移注意力。當時內心壓力太大了，那是我僅有的四百萬，我這樣孤注一擲，若不能起死回生，便是萬劫不復……

打高爾夫球讓我的身心靈發生很大的變化，我個性急、經常匆匆忙忙，藉著打球可以訓練個性上的穩定。打球的時候需要平靜下來，想要打出球，得靠「地心引力」和「腰部旋轉」的完美結合，才能輕鬆擊出理想的球。打球之前，得先觀察環境、判斷地形、選擇球桿，如果心態沒有調整好就打不好也推不好，結果如何自己心裡十分清楚。每一球都是新的開始，打出後桿數也要自己記下來。高

爾夫球是一個十分誠實、步調很慢、需要思考的運動，走完十八洞彷彿走完一個人生。

很多人誤以為打高爾夫球是有錢人的運動，其實相較於打羽球租場地動輒上千，高爾夫球練習場打到飽一次不過幾百元，可以練幾籃幾百顆球。我就是靠著這個運動，學會如何在瞬息萬變的股海中乘風破浪，又能平心靜氣從容以待。

透過運動，和自己好好共處

除此之外，我還練跑。

會踏入跑步是因為一位學姐，她是哈堡堡連鎖早午餐店的創辦人，只要看過她曼妙身材、體態優美的跑步背影，無人不讚嘆稱羨。同樣是年過四十好幾的人，為何別人是那樣，我是這樣？所以，最痛恨跑步的我加入了學姐的「跑團」，每週六早上六點四十五分報到，學姐總會準備早餐，吃完休息片刻，拉筋暖身後立刻跑起來！

跑步是有技巧的。以前我只要一跑步就會腰腹痛，學姐教我正確的跑法：買一雙好的慢跑鞋，找出正確的跑步姿勢和調整呼吸節奏，抓出最讓自己舒適輕鬆的跑法，這跟瑜伽調氣的道理一樣，呼吸要深長細勻、搭配身體律動，讓身心靈達到和諧一致的境界。跑步時我要如何折騰自己都可以，有時我邊跑邊幫自己按摩肩頸痠痛處，有時順便上下抖動雙手，有時邊跑邊捶打自己的屁股心中吶喊：「我要回到少女身材！」跑步消化卡路里最快，如果今天吃太多，我就跑久一點，把多吃的部分都燃燒掉。

還記得加入跑團的那一天，學姐看著我：「妳覺得我有什麼不一樣？」我看著她，頭上包著頭巾，只覺得學姐裝扮還挺時髦。沒想到學姐告訴我，她是乳癌患者，我頓時愣住，對於她在遭逢病痛折磨之際，仍盡力維持運動習慣的精神欽佩不已。之後我們組成了「跑馬姐妹花」，一起報名EMBA校園馬拉松接力賽。二〇一二年跑四．二公里對我簡直苦不堪言，跑到終點時我的面孔扭曲，感覺渾身像是在生小孩那樣痛苦；二〇一三年再跑，我的臉色發白，簡直像要斷氣；但是二〇二二年再跑，我已經駕輕就熟、如魚得水了。而就在我的跑馬能力不斷進步的期間，學姐撐過八次化療，終於被醫生告知痊癒，可以過正常的生活了！我們歡欣雀躍，跟著她持續跑。未來，我要追隨她的腳步，一起跑半馬、全馬，甚至跑向全世界，一起享受各國當地的民俗風情！

相較於打高爾夫球，跑步是很方便的運動。只要有跑鞋、輕便服裝，立刻就可以進行。除了晨跑，我也愛上夜跑。跑步是甩開負面情緒最快的方法，只要遇到挫折、有壓力或心情不順時我就去跑，跑到汗流浹背，心情反而舒爽起來，而且常常跑完就有一堆靈感浮現，成為我拍片或錄Podcast的好題材。

打高爾夫球、跑步，這些運動時段完全是屬於自己的，讓我可以跟自己獨處，享受一個人的孤獨。打著打著、跑著跑著，害怕就被打跑了，卡住的結也就鬆開了。**身體的消耗可以卸下心裡承載的壓力**，在撐過身體最大極限的痛苦後，身體會突然變輕，不但跑得更快、頭腦也更清晰。

闖出人生好業績的業務力思維

★運動有三大好處：幫助身體健康、增進心理健康、提升學習與工作表現。我開過三次刀、捱過血崩，更有胃潰瘍等大小不斷的病痛，我學會透過運動幫助自己漸漸恢復健康。當然，吃得健康也十分重要，我想這也是後來我與餐飲結緣的重要原因。運動對我來說是最棒的心智淬煉，遇到任何解不開的結，去運動就對了。

27 休息習慣：懂得放鬆，讓自己蓄滿電

二〇一七到二〇一八年，我經歷了離職、創業、失敗、身心受創，決定把自己封鎖起來，來個大休息，拋開現有的一切。沒想到不上班後，我的資產反而翻了五倍，可見懂得休息，明天會更好！

每個人都有所謂的「心智能量」（mental energy），像是注意力、意志力等，心智能量就像蓄水池，並非取之不竭用之不盡，要是過度耗用，便會慢慢枯竭；反之，如果時時注意存量，適時補充，就能幫助自己維持穩定表現或產出。

該如何透過休息好好充電？這裡提供兩個心法，讓你嘗試運用：第一，安排「小小出走」，透過暫時的遠離，讓自己稍微喘口氣；第二，積極規劃休假，假

期至少長達三天以上，讓自己能夠完全抽離公事。

這兩個心法都可以帶給我們心智能量的補給。「小小出走」代表的可能是一杯咖啡、幾小時的健身、半日遊或一日遊，甚至睡個午覺都算。離開，是為了能夠再出發；小小的出走，可以幫助我們回來時神采奕奕。「規劃休假」則需要有計畫地進行，怎麼去？住哪裡？吃什麼？離開，人生可以重新想像！就像看一幅畫，近看欣賞不出全貌，退一步反而能看到整體之美。

真正有智慧的人都是休息高手

我當業務到達生涯高峰時，也正好是我覺得自己被掏空的時候，於是我選擇去念清華EMBA，學習新事物對我來說是一種休息。每個人都可以找到自己獨特的休息方式，有的人是閱讀，有的人是看電影，有的人是聽音樂，補充心智能量的方法很多，只要不做傷天害理的事，又能讓自己的心智得到安慰或有休息到，就值得去做。

真正有智慧的人都是休息高手。我有個EMBA同學，從郵局處長職位退休後，又跑去大學念佛學，開啟人生另一個新旅程。**學習新事物，可以保持對這個世界與生命的熱忱。**

我在創業失敗後，也藉由照服員和EQ情商課程來為自己充電。結業後在醫院機構實習與擔任EQ志工老師，同樣是我休息的方式。和一群沒有利益瓜葛、沒有心機的人在一起，對當時幾乎要對人性失望的我來說，是十分最重要的。我四十五歲時和一群年過半百的同學一起考取照服員丙級執照，那一刻我好快樂。

畢業之後，我們每年都會舉辦大湖同學會，這也成了我生命當中最重要的相聚時光，更是我忙碌生活中短暫的休息時刻。每年相見，都能夠聽到同學們戲劇性的生命際遇，有個同學是單親媽媽，獨自把孩子帶大；有個同學的母親被詐騙三百多萬得了憂鬱症，他為了照顧母親，選擇來做工作時間較有彈性的照服員，還能順便顧小孩；還有個同學愛賭博，今年因歷經一場生死交關的車禍，讓他有所感悟，現在不僅改吃素，更找了份工作，日子比以前平順多了。

大湖同學會是我每年最想辦的同學會，跟大家聚在一起彼此鼓勵，一起向前走，彷彿也是在為心靈充電。

一邊睡覺，一邊補充能量

「能量睡眠呼吸法」是一個打高爾夫球的長輩教我的。他雖然年逾八十，但因年輕跑船，更茹素多年，身體狀況極佳，完全不輸年輕人。去年他發生嚴重的車禍，脊椎斷了好幾根，必須裝上人工支架，看著他癱在床上掛著尿袋與點滴，我好替他擔心，怕他從此再也站不起來了。

沒想到，他為了能夠再打高爾夫球，從他恢復意識的那一刻起，他每天強迫自己要下床走動，像做氣功那樣起身運氣。本來他的手掌與手指是沒有力氣可以握合打開的，突然有一天，他跟我說自己可以半握了，半年後便收到他寄來的照片，是他和兒孫一起下床打球的景象，連醫生都直呼不可思議，原來意志力真的可以讓不可能變為可能。

他教我一套非常有用的睡眠呼吸法，當我身體不舒服、壓力大或思緒雜亂導致晚上睡不著時，只要照做便會不知不覺睡著，起床時神清氣爽。我在過去二十年當業務的那段時間，經常要克服時差問題，有孩子後更要每天早上六點起床，睡眠時間不多，但朋友們總說我像是每天都有用不完的活力，精神奕奕。

能量睡眠呼吸法如此做：

1. 平心靜氣躺在床上。
2. 全身鬆開，四肢自然擺放。
3. 運用腹式呼吸法開始調氣，吸氣時用鼻子緩慢吸氣，感受氣體慢慢進入肚子，腹部會微微鼓起；吐氣時用嘴巴緩慢吐氣，把肚子的空氣都吐出，肚子會微凹。不用特意或太用力，輕鬆做就好。

4. 接著想像吐掉的氣沿著四肢，從腳趾頭和指尖流出去。

5. 慢慢地重複做，會漸漸感受到有熱氣在身體裡流動。我經常還沒感受到這個階段，便已沉沉睡去。

這個睡前養生的調氣方式，真的讓我受益良多。今年過年我被兒子傳染確診，喉嚨痛、呼吸困難、不斷咳嗽，在狀況嚴重而難以入睡的夜晚，我都是用這個方法，想像身上的病毒從四肢末端排出，讓自己好好入睡。

確診隔離休息的這五天，我睡眠時間變長，心也更加平靜，更能夠思緒專注地修改書稿。原來過年的確診，是老天爺要我休息，隔離世俗凡塵，好好地來寫出一本好書給大家。

休息是為了走更長的路，當身心都撐不下去的時候，就勇敢按下人生的暫停鍵吧！

闖出人生好業績的業務力思維

★橡皮筋拉久會彈性疲乏，想要長線作戰就得保持精力充沛，關鍵是要學會休息。當你陷入瓶頸、走不出來，不妨安排一場小旅行。在旅途中，過程比終點更重要，所有旅途中發生的人事物，都是旅程結束後令人回味的驚奇點。人生旅程也是一樣，若只為終點，過程就容易成為煎熬，讓我們把過程也變成一種享受吧！

結語
學會業務力，一生受用

每次在美國ＬＡ機場準備登機回台，我總是會在貴賓室待久一點，直到聽見廣播的 final call 才會起身準備，因為我不想排隊等候搭機。我總是在ＶＩＰ室整理出差資料、回覆客戶的 Email，沒想到我這個在機場ＶＩＰ室待到最後一刻的習慣，竟然讓我遇到正巧要回台灣領獎的知名導演李安。

還記得我起身要離開的那一刻，剛好對上一個彷彿在電視上見過許多次、謙虛柔和的眼神，我趕緊上前問候，確認真的是他，當下我欣喜若狂，立刻請空姐幫我們合照。那次剛好是第一次帶著兩位工程師到美國討論機上盒的案子，那時這個案子還是前途未卜。

如我前面文章提過的，我習慣和遇到的美好事物連結。我對同事說：我們這次出差遇到李安，一定可以拿到大單，這是老天爺要我們努力拚下去的暗示，而我們果然在三年後拿到百億訂單。

這張合照我一直留存在身邊。後來二〇一二年李安拍了《少年Pi的奇幻漂流》（*Life of Pi*），當我看見電影裡少年與老虎搏鬥的那一幕，我感覺那就像是自己的生命寫照。那一年，不僅公司頒獎給我們這個機上盒團隊，同時也得到客戶的認可，榮獲最佳供應商與One Million STB水晶獎盃。這些獎盃至今都還留在我身邊，是我生命裡最重要的印記之一。

每一次的蛻變，每一次的浴火重生，我都是靠業務力來解決生命中遇到的各種難題與大小困境。這本書不僅是在介紹我的通關法寶，更是闡述了我跌宕起伏的人生歷程，而這其中對我幫助最大、始終在背後默默支持我的人便是母親。她在我最失意的時候幫我照顧小孩；我開便當店時，她不辭辛勞騎著腳踏車四處幫我發傳單，還在開幕當天揪了一群親朋好友來助陣，令我十分感動。

她更有著助人為善的心，她擔心家附近的藥局倒閉，幫忙介紹了好多客戶；快剪店的老闆娘跟我說，母親擔心她一個人忙碌沒吃中餐，經常買麵包給她吃。全天下我最感謝母親，因為她把這份良善深植我心。

我也秉持著這樣的心情，將我二十年來的業務經驗分享給所有的讀者朋友，期待每個人讀完這本書，都能夠在工作上創造高績效，脫貧翻身；在人際關係上處事圓融，達成雙贏；就算遇到困境，也可以展現韌性、度過難關，各行各業都能派上用場。

希望這本書帶給你勇氣，讓我們一起闖出人生好業績！

翻轉學 翻轉學系列 107

闖出人生好業績

百億超業教你活用「業務十力」，解決人生難關，逆勢翻轉、完美達標！

作者 陳詩慧
封面設計 劉雅文
內文排版 劉雅文
責任編輯 劉瑋
主編 陳如翎
出版二部總編輯 林俊安

出版發行 采實文化事業股份有限公司
業務發行 張世明・林踏欣・林坤蓉・王貞玉
國際版權 鄒欣穎・施維真・王盈潔
印務採購 曾玉霞・謝素琴
會計行政 李韶婉・許俽瑀・張婕莛
法律顧問 第一國際法律事務所 余淑杏律師
電子信箱 acme@acmebook.com.tw
采實官網 http://www.acmebook.com.tw
采實臉書 http://www.facebook.com/acmebook01

ISBN 978-626-349-167-0
定價 360元
初版一刷 2023年3月
劃撥帳號 50148859
劃撥戶名 采實文化事業股份有限公司
104台北市中山區南京東路二段95號9樓
電話：(02)2511-9798 傳真：(02)2571-3298

國家圖書館出版品預行編目資料

闖出人生好業績：百億超業教你活用「業務十力」，解決人生難關，逆勢翻轉、完美達標！／陳詩慧著 .-- 初版 .-- 台北市；采實文化事業股份有限公司，2023.03
224面；14.8×21公分 .–（翻轉學系列；107）
ISBN 978-626-349-167-0（平裝）
1.CST；成功法
177.2 112000264

采實出版集團
ACME PUBLISHING GROUP